U0482647

名师带你读史记

MINGSHI DAI NI DU SHIJI
BENJI · TIANZI YU TIANXIA

本纪 天子与天下

王弘治 ◎ 著

天地出版社 | TIANDI PRESS

图书在版编目(CIP)数据

本纪.天子与天下/王弘治著.—成都：天地出版社，2023.9
（名师带你读史记）
ISBN 978-7-5455-7850-8

Ⅰ.①本… Ⅱ.①王… Ⅲ.①《史记》—青少年读物 Ⅳ.①K204.2-49

中国国家版本馆CIP数据核字（2023）第124245号

BENJI · TIANZI YU TIANXIA
本纪·天子与天下

出 品 人	杨 政	营销编辑	魏 武
作 者	王弘治	美术设计	霍笛文
总 策 划	陈 德	内文插画	世纪外研
策划编辑	李婷婷 曹 聪	内文排版	书情文化
责任编辑	曹 聪	责任印制	葛红梅
责任校对	张思秋		

出版发行　天地出版社
　　　　　（成都市锦江区三色路238号　邮政编码：610023）
　　　　　（北京市方庄芳群园3区3号　邮政编码：100078）
网　　址　http://www.tiandiph.com
电子邮箱　tianditg@163.com
总 经 销　新华文轩出版传媒股份有限公司

印　　刷	北京文昌阁彩色印刷有限责任公司
版　　次	2023年9月第1版
印　　次	2023年9月第1次印刷
开　　本	710mm×1000mm　1/16
印　　张	12
字　　数	160千字
定　　价	39.80元
书　　号	ISBN 978-7-5455-7850-8

版权所有◆违者必究
咨询电话：（028）86361282（总编室）
购书热线：（010）67693207（营销中心）

如有印装错误，请与本社联系调换。

目录

· 自序 ·　1

- 01篇　《五帝本纪》：传说中的黄金时代　1
- 02篇　《夏本纪》：家天下的兴衰　16
- 03篇　《殷本纪》：玄鸟生商　28
- 04篇　《周本纪》（上）：天命所归　40
- 05篇　《周本纪》（下）：烽火戏诸侯　54
- 06篇　《秦本纪》：从马夫到天子　67
- 07篇　《秦始皇本纪》：是伟人也是暴君　80
- 08篇　《项羽本纪》（上）：力拔山兮气盖世　95

- 09篇 《项羽本纪》（下）：时不利兮骓不逝　110
- 10篇 《高祖本纪》（上）：大风起兮云飞扬　124
- 11篇 《高祖本纪》（下）：威加海内兮归故乡　136
- 12篇 《吕太后本纪》：刚毅的奇女子　150
- 13篇 《孝文本纪》：一代明君的崛起之路　163

· "本纪"尾声·　176

· 后记·　177

本纪·天子与天下

自 序

　　《史记》是一部很"大胆"的书，无论在哪个朝代，司马迁写的这部关于中国的通史，恐怕都会受到很多批评。这是为什么呢？下面我就来说一说司马迁在《史记》中表现出来的"胆大妄为"。

　　《天子与天下》这一册的内容，选自《史记》原书中的"十二本纪"。"本纪"是司马迁撰写的古代王朝和当代天子的编年史，记录的主要是一段王朝兴衰的过程，或者是一位天子政治生涯中的功与过。

　　在《史记》出版以前，大部分的史书都采用编年的体裁。儒家"六经"里的《春秋》，相传是经过孔子亲手修订的，同样也是编年体。虽然司马迁曾说，自己写《史记》首先是向孔子编修《春秋》致敬，但是他却不像一个平常的史官，循规蹈矩地遵从先贤编写史书的传统，而是大刀阔斧地创立了一种新的史书体裁——纪传体。

在他为《史记》设定的体例和篇幅中，最能反映传统史书面貌的"本纪"只占全书大约十分之一的体量，在其余的十分之九里，他做了很多大胆的创新：既有能够更加清晰展现历史年代进程的"表"，又有展现社会制度和专门知识的"书"，还有讲述不同诸侯国历史的"世家"，而最有特色的一块，就是生动讲述人物故事的"列传"。这些不同的体裁，就像是多棱的镜片，从不同的角度映射历史的一面，方方面面组合在一起，历史不再单调平面，而像万花筒一般绚丽多彩。

从此，中国历史的写法就改了，史家创作史书时大都从编年体转变为纪传体，纪传体甚至成了后来两千年史家撰写正史的标准体裁。司马迁凭自己的一支笔，完成了史书体裁的"革命"，这难道不是一种大胆的行为吗？

司马迁发动的这场"革命"不只针对史书的体裁，在内容层面也有所创新。这种内容的创新在"本纪"中表现得尤为明显。

在先秦的古书里，黄帝和炎帝的故事只是零星的传说。春秋时，孔子在《论语》里没提到黄帝和炎帝这两位老祖宗的名字。直到战国，在诸子百家撰写的著述里，黄帝的名字才开始出现。

在《五帝本纪》里，司马迁非常大胆地给黄帝编了一本家谱，认黄帝为中原百姓共同的远祖，把传统古代经典里的尧、舜、禹等圣贤都编在这本家谱里。后来，这个"神圣家族"就成了华夏子孙的共同渊源。大家能够获得这么重要的身份认同，主要靠司马迁撰写的《五帝本纪》。

黄帝和炎帝原来很可能只是远古传说的人物，但在《史记》当中，他们从神变成了人，成为中原各民族崇敬的祖先。司马迁还是凭借一支笔，塑造了中国人的集体意识——四海之内皆兄弟！

最后，比起体裁和内容，司马迁在《史记》中表现出来的对历史的评价标准更加大胆。

作为一个汉朝人，他很不给汉朝皇帝面子。首先，他大胆地把汉朝的开国皇帝刘邦的死敌项羽写进了"本纪"，让这位失败英雄与诸位天子"平起平坐"。其次，他还把几乎让刘家天下改名换姓的吕后也写进了"本纪"。在几千年男尊女卑的封建社会里，史家敢让一位女性跟男性帝王们同在一列，也是一个让人瞠目结舌的大胆行为。

司马迁在写《史记》时，越写到贴近自己生活的时代，就越不给皇帝留情面。司马迁生活在汉景帝、汉武帝父子统治的年代，对这两位"现管"的皇帝，有不少的牢骚。所以自古以来就有这样的传说：汉武帝亲自下令，把《史记》当中关于自己和父亲景帝的两篇本纪都给删了。

我没有把汉景帝和汉武帝的故事写进《天子与天下》这一册里，主要就是参考了这个传说。

还有人认为，司马迁后来的悲惨遭遇也与他在《史记》中批评皇帝有关。身为史官，写历史最难得的就是不怕得罪当权者。在撰写古代的"二十四史"的列位史官中，就属领衔的司马迁最大胆、最敢写！

中国人读历史，从来就不是只图听个故事，总要品出历史故事的中心思想，看明白历史人物的精神品格。鲁迅先生评价《史记》是"史家之绝唱，无韵之《离骚》"，夸的就是司马迁个人的崇高抱负。现在，就让我们从《史记》的"本纪"故事中，感受一下司马迁的勇敢无畏吧。

本纪·天子与天下

01 篇

【 五帝本纪 】

传说中的黄金时代

司马迁在《史记》的第一篇中讲了黄帝、颛（zhuān）顼（xū）、帝喾（kù）、尧和舜五位上古帝王的故事。在这一篇大文章里，有好几个大问题隐藏其中。

首先，人们提到中国历史上的老祖宗，总会说"三皇五帝"。那么，司马迁在为《史记》开篇时，为什么没有从比五帝更加久远的三皇写起呢？

第二，"五帝"当中为什么没有炎帝呢？

第三，尧为什么一定要把至高无上的天子之位让给庄稼人出身的舜呢？他的这个决定靠谱吗？

我们不妨带着这些问题，到《史记》的第一篇里找找答案。

阪泉大战

在五帝时代开启以前，上古还有一个神话中的三皇时代。这"三皇"包括人类的始祖伏羲（xī）、女娲两兄妹，还有曾经尝百草的神农氏。

黄帝和炎帝都出生在神农氏家族统治的部族，后来他们都成为地方部落的诸侯首领。神农氏家族也不知传了多少代，到黄帝、炎帝的时候，已经有了衰落的迹象，没有办法主持大局。俗话说，山中无老虎，猴子称大王。天下各部落的首领都想出头做最大的首领，为此争得头破血流，将老百姓置于水深火热之中。

这个时候，天下有三股势力最强大。第一股势力就是炎帝的部落。我们刚才已经提到，在传说中，炎帝是神农氏的后裔之一，血统高贵。第二股势力是蚩尤率领的九黎部落。他们武力强大，性格桀骜不驯，谁都不服。第三股势力就是黄帝了。黄帝姓公孙，名叫轩辕，是一位英明神武的首领。无论是政务，还是军事，他样样精通。在他的带领之下，部落的综合实力得到迅速提升。

黄帝有远大的抱负，在管理部落时讲究以德服人。他恩威并施，既帮着神农氏讨伐造反的诸侯，试图恢复以往的秩序，又给落后的部落传授天文历法和种植五谷杂粮的方法。诸侯们纷纷归顺。

炎帝却对黄帝的所作所为大为不满。他认为自己作为神农氏一族的成员最有资格当领袖，其他部落都应该听他的。可是，炎帝的管理风格与黄帝正相反，他常仗着自己的雄厚实力，欺凌弱小。诸侯们只好纷纷投奔黄帝，请黄帝来主持公道。

如此一来，一场决定天下主导权的大战在所难免。黄帝和炎帝在阪泉摆开阵势，准备决战。

黄帝得道多助，军容壮大，甚至还有熊、虎、狼、豹这些野兽充当战场先锋。而炎帝这方也具备雄厚的军事力量，摆出来的阵仗也不容小觑。经过了好几轮艰苦的拉锯战，黄帝才终于大获全胜。

炎帝虽然输了战争，却认清了形势，没有负隅顽抗，而是选择从此跟黄帝部落携手并进。在炎帝的子孙当中，有好几位成长为著名的贤臣和诸侯，比如周武王的军师姜子牙。黄帝和炎帝真是不打不相识、不打不成交。他们联合起来，让华夏民族更加壮大了。

涿鹿大战

黄帝在阪泉之战中大获全胜之后，部族首领和各方诸侯都来归顺。就在这时，一个比当初炎帝还强大的敌人——全天下最厉害、最棘手的人物——蚩尤出现了。

名师带你读史记

蚩尤率领的九黎族是一个不折不扣的战斗民族，他们把石头、沙子当食物，并且非常擅长制作各种兵器。在神话当中，蚩尤和他手下的弟兄们都长着铜头铁角。蚩尤的样子尤其吓人，后来的传说把蚩尤描述成有八只手、八只脚的怪物，还有吞云吐雾的本领。不仅如此，传说还描述他被砍掉了脑袋不但不死，还变成了大妖怪饕（tāo）餮（tiè）继续为祸人间。

为了迎战蚩尤，黄帝团结所有的诸侯部落组成一支联军，在涿鹿之野与蚩尤展开决战。传说在这场大战中，黄帝被蚩尤坑得不轻，后来幸亏得到天神玄女和神兽应龙的帮助，才打败了蚩尤。

涿鹿大战的胜利，让黄帝的威信达到了顶峰。天下诸侯共同推举黄帝取代衰微的神农氏当新的天子，希望这位强大而仁慈的领袖可以率领华夏抵御外敌，把华夏文明发扬光大。

禅让天下

黄帝死了以后，他的孙子——帝颛顼高阳继承了天子之位；颛顼之后，来自另一支家族的帝喾高辛即位，他是黄帝的曾孙。虽然这两位都是贤明的君主，但是五帝当中的第四位帝尧，才是能被称为万世景仰的圣人。唐代诗圣杜甫有诗云："致君尧舜上，再使风俗淳。"在中国封建社会，历朝历代的帝王都把尧和他的接班人舜当成自己学习的榜样。

那么，为什么这两位君主会比黄帝还受推崇呢？

我们先来说说尧的故事。帝尧名叫放勋，从小就是一位"优等生"，用现在的话说就是"别人家的孩子"。古书上夸他像天无私地覆盖万物一样仁爱百姓，像无所不知的神明一样聪明睿智，百姓依赖他就像庄稼离不开太阳，黎民景仰他犹如仰望天上的云朵。在《史记》里，司马迁着重讲了帝尧非常了不起的两桩功绩。

第一桩功绩是帝尧派人测定大地方位，观测天文，制定历法。

你知道日历上一年365天的周期是怎么定出来的吗？**古人最初就是通过观察季节变化与天文星象的对应才慢慢归纳出计算年、月等时间的方法的。**这就是历法的由来。

农民掌握了历法，就知道该在什么时候去干什么农活；顺应农时劳作，收获的粮食就会更多。有一个成语叫作"民以食为天"，你可以从这个成语看出古人把耕种粮食看得特别重要。**而古人认为通过制定历法帮助农民高效劳作的功劳是属于帝尧的。**你说他的这桩功绩大不大？

帝尧的第二桩功绩是禅让天下。禅让的意思，就是新的统治者不依据血缘关系来继承天子之位，而是凭借出众的品格和能力获得这个最高权力。

帝尧晚年时，人间爆发了一场大洪水。滔天的洪水淹没了大地，原来高耸的山峰都变成水中的孤岛。帝尧感到力不从心，想找一个合适的人来拯救苍生，于是就让身边的大臣们推举贤人。

有一位大臣说：您就传位给您的儿子丹朱吧，他的脑子聪明，能力很强。

尧听了这个建议，一个劲儿地摇头道："唉，知子莫若父。我的这个儿子脾气坏，老爱跟人吵架，不行。"

又有一位大臣推举一位叫共工的大臣，说他非常能干，有很多的功劳。

尧还是摇头道："我了解共工这个人，他总是说一套做一套，看似恭敬、谦卑，其实对鬼神和百姓都非常傲慢，不是一个正人君子。"

大臣们又集体推举鲧（gǔn）来继位。鲧是大禹的父亲，他对如何治水有一套自己的方法。大臣们觉得让鲧来当天子就能治好洪水。

但是尧却一眼看穿了鲧的毛病，说："鲧这个人做事不负责任，会害了身边的人。"

大臣们说："您不让鲧试试看，怎么能断定他不行呢？"

帝尧拗不过群臣，只好同意先试试鲧究竟有没有真本事。结果，鲧去治水，九年不成。

尧叹着气问："我已经当了七十年天子了，我们朝廷里真没有可以接替我的贤人吗？"

大臣们挠着头皮，突然灵光一闪，齐声道："我们听说民间有一个单身的庄稼汉，他也许是您心目中的理想人选。"

尧天舜日

天子把天下传给一个种田的人，这能行吗？帝尧倒是不嫌弃这个人的出身，问大臣："他是一个什么样的人？你们给我说说他的故事。"

大臣回答："这个人名叫虞舜，还没有结婚成家呢。他的爸爸是个盲人，上了年纪，脑筋也不清楚了。他家里还有个恶毒的后妈。后妈生了一个坏心肠的弟弟。虽然家里的环境如此糟糕，但是虞舜竟然以孝顺闻名乡里。更可贵的是，他还用自己的善良去感化家里人，让他们不干坏事。"

帝尧一听天下竟然有这样的人，一下子来了兴趣。常言道，百善孝为先。舜虽然在一个缺少善意和爱的家庭里成长，却能用仁爱之心去关爱家人、邻居，乃至陌生人，这实在太与众不同了。

帝尧听说舜还是个单身汉，就把自己的两个女儿嫁给了舜，还让自己的九个儿子去跟舜做朋友。帝尧要用他的孩子们来考查舜的品行，检验他是不是一个值得自己托付天下的人才。考查的结果当然让帝尧很满意。

那么，舜究竟有哪些出众的才能呢？

古人把圣人的境界分为四个层次：修身、齐家、治国、平天下。 舜在每一个层次上都表现优异，是一个无缺点的"全能选手"。

先说修身和齐家：他让自己的两位妻子一定要孝顺公婆、尊敬亲戚，不能因为自己是天子的女儿就在家里养尊处优、颐指气使。

不过，舜的后妈和弟弟非但不领好意，反而对舜做了天子的女婿嫉妒得要命，甚至伙同舜的糊涂老父亲瞽（gǔ）叟设下毒计要害舜。他们先是骗舜去修粮仓的仓顶，然后在底下放火要烧死舜。舜恰巧随手拿着两顶斗笠，便像抓着降落伞一样从仓顶跳下，平稳落地，逃过一劫。

瞽叟、后妈和弟弟一计不成又生一计，骗舜去挖井。他们等舜把井挖深了就落井下石，想活埋了舜。这一次，舜早有准备，在井底挖了一条地道逃了出来。瞽叟、后妈和弟弟以为舜这回必死无疑，正高高兴兴地准备瓜分舜的财产，却没想到舜又生龙活虎地回家了。

舜明明知道家人有伤害他的歹意，却丝毫没有报复之心，仍然孝顺父母，友爱弟弟。所以，无论是道德还是能力，舜都明显地高过他家人几个档次，让家人的坏心思无法得逞。

我们再来说说舜治国平天下的作为。舜的高尚道德特别具有感召力。他无论到哪里，都能吸引人们从四面八方来投奔他。他在这个地方待一年，人们就聚在这里，把这里变成一座村庄；他在这个地方待两年，这座村庄就变成了一座城镇；他在这里待三年，这里就成了一座熙熙攘攘的大城市了。

尧让舜到朝廷来管事，舜也充分展示了自己的领导才能：他知道做天子不可能事必躬亲，最有效的管理方式是选用、提拔合适的人才，让官尽其职，人尽其能。所以，舜选拔人才不拘一格。

在舜挑选的人才中，最了不起的就是治水英雄大禹。禹的父亲鲧因为治水无功被舜处罚流放了，但舜却不因为禹是罪人之子就歧视他。恰恰相反，他经过认真考察，认为禹具有非凡的才干，所以破格提拔禹来完成其父未竟的治水大业。

后来，舜果然当上了帝。他到了晚年，也向帝尧学习，把天下禅让给了大禹。

尧、舜两代无私的君主成为后代称颂的楷模。尧、舜的统治一直被古代读书人看作是中国古史的黄金时代，

"尧天舜日"就成了一句专门形容太平盛世的成语。

太史公曰

最后，我们回到开头的问题，你已经在故事里找到答案了吗？

第一个问题：司马迁在为《史记》开篇时，为什么没有从比五帝更加久远的三皇写起呢？

司马迁在《史记》的每一篇传记后都写了一段表达个人观点的"太史公曰"。在《五帝本纪》的"太史公曰"里，司马迁表达了这样的意思：其实在尧、舜以前的帝王故事里，传说的成分要远远大于真实。黄帝的故事本身就带着很多神话色彩，司马迁搜集了各种关于黄帝的传说，剔除掉其中荒诞不经的成分，才凑成我们今天看到的《五帝本纪》。而"三皇"的故事，比如"开天辟地""女娲造人补天"全是神话，当然没法被写入历史了。

第二个问题："五帝"当中为什么没有炎帝呢？阪泉大战后，炎帝的部落就和黄帝的部落合为一体了，华夏民族今天自称炎黄子孙，就是从《五帝本纪》这里来的。

第三个问题：尧为什么一定要把至高无上的天子之位让给庄稼人出身的舜呢？帝尧当然不是随随便便就禅让天下的，而是经过认真考察才做出了这样郑重的决定。尧把

天子之位禅让给舜主要是因为他是个值得信赖的人才。

不过在真实历史中，禅让这件事其实非常难操作。我们讲到战国故事的时候，再来讲一段真实的与禅让有关的故事。跟尧和舜禅让王位的美谈不同，历史上真实的禅让差点儿让国家灭亡。

成语撷英

洪水滔天

释义：形容水势很大，触及天际。
《五帝本纪》原文：尧又曰："嗟，四岳，汤汤洪水滔天，浩浩怀山襄陵，下民其忧，有能使治者？"
例句：洪水滔天，能救我们的只有解放军。

好学深思

释义：形容热爱学习，勤于思考。
《五帝本纪》原文：《书》缺有间矣，其轶乃时时见于他说。非好学深思，心知其意，固难为浅见寡闻道也。
例句：小明如此好学深思，成绩当然优秀了。

尧立①七十年得舜，二十年而老②，令舜摄行天子之政，荐之于天。尧辟位③凡二十八年而崩。百姓悲哀，如丧父母。三年，四方莫举乐，以思尧。尧知子丹朱之不肖④，不足授天下，于是乃权⑤授舜。授舜，则天下得其利而丹朱病；授丹朱，则天下病而丹朱得其利。尧曰："终不以天下之病而利一人。"而卒授舜以天下。尧崩，三年之丧毕，舜让辟⑥丹朱于南河⑦之南。诸侯朝觐⑧者不之丹朱而之舜，狱讼⑨者不之丹朱而之舜，讴歌者不讴歌丹朱而讴歌舜。舜曰："天也。"夫而后之中国⑩践天子位焉，是为帝舜。

释义：
①立：在位。
②二十年而老：又过去二十年，退休了。
③辟位：指退休。
④不肖：没有才干。
⑤权：权衡，改变。
⑥让辟：把位置让给别人，自己回避。
⑦南河：位于尧都以南的河。
⑧朝觐：指诸侯进京朝见天子。
⑨狱讼：打官司。
⑩之中国：进入京城。

《五帝本纪》的参考文献

我们已经了解到《五帝本纪》中主要记述了黄帝、颛顼、帝喾、尧和舜的传说。虽然五帝是否真实存在一直众说纷纭，但司马迁还是从《世本》《尚书》和《大戴记》这些重要的历史文献中条分缕析、精心取材，尽力反映了原始社会末期华夏先民的生活情况。

现在，我们就来了解一下这一篇"本纪"的三部参考文献。

《世本》是先秦的史官对档案记录的汇编，是一部通史著作。书已失传，作者也不可考。从后世的作者写文章时引用《世本》的情况来看，这本书的结构大致有帝系、本纪、世家、传、谱、氏姓、居（记都邑宫室）、作（记器物制作发明）、典章制度创制等，可见《世本》包含的内容和题材非常广泛。《世本》很受历代史家重视。司马迁创作《史记》时，从内容选材到设计体例，都参考了《世本》，可见这本书对后世史家编纂史书时的撰述思想和编撰格局产生了深远的影响。

《尚书》被列为儒家经典之一，"尚"即"上"，《尚书》就是上古的书。它是中国上古历史文献和追述部分古代事迹著作的汇编，所记基本是誓、命、训、诰一类的言辞；约成书于公元前5世纪，考证为上古文化遗存著作。《尚书》蕴藏着丰富的思想，是包括儒家在内的诸子百家学说的精神总源，从这个角度来看，《尚书》算得上是中国最早的政治、思想、文化的宝库。

《大戴记》和《小戴礼记》都是儒家经典之一。《大戴记》亦称《大戴礼记》，编订者是西汉礼学家戴德。原来共八十五篇，在流传的过程中逐渐流失，今仅存三十九篇。《小戴礼记》的编订者是戴德的侄子戴圣。《小戴礼记》完好地流传至今，就是我们所熟知的《礼记》。《大戴礼记》是一部各种礼仪论述的选集，记录了秦汉以前的社会组织、民生状况、儒家学说、文物制度等重要材料。

02篇

【 夏本纪 】

家天下的兴衰

"天下为公"的五帝时代落幕了，中国历史出现了第一个"家天下"的王朝——夏朝。

什么叫"家天下"呢？

《五帝本纪》里最有名的故事就是"尧舜让贤"，帝尧和帝舜毫无私心，没有把天子的宝座传给自己的儿子，而是用心地选贤任能，把王位禅让给了为天下苍生谋福利的贤人。

这种高尚的行为被称为"公天下"。

而"家天下"就是反其道而行之了——皇帝的王位由他的儿子或者兄弟继承，从此天下就是只属于他一家一姓的了。

禅让终结

夏朝的第一位君主叫启,他是治水英雄大禹的儿子。 禹是跟尧、舜齐名的圣人,为什么没有继续坚持禅让的好传统呢?这可不是因为大禹有私心,不想让王位旁落他人,而是因为在王位继承的过程中发生了出乎意料的事。

大禹接受舜的禅让成为天下的主宰者,他的心里早有一位理想的禅让人选——皋(gāo)陶(yáo)。皋陶是谁呢?他是大禹以前的同事,在舜的朝廷里担任法官的职务。皋陶执法公平,刚正不阿。

传说,皋陶有一头名叫獬(xiè)豸(zhì)的神兽协助断案。他每次遇到疑难的案件,都会请出獬豸来帮忙。獬豸的办案风格和主人皋陶一样,眼里揉不进沙子。而且,獬豸料事如神,仿佛会读心术,一眼就能看出坏人,然后就用头顶的独角去顶坏人,让真相立刻水落石出。

后来,古代的法官们为了显示自己断案公平,就会戴一顶样子奇特的帽子,并管这帽子叫獬豸冠,以此纪念皋陶。

可惜皋陶这位正人君子的寿命不够长——在大禹晚年时,皋陶竟然先大禹一步去世了。皋陶的离世彻底打乱了大禹的禅让计划。大禹眼看自己时日无多,必须赶紧物色一位新的人选。

大禹选中的第二个禅让人选是辅佐自己治水的助手——伯益。伯益一直忠心耿耿地追随大禹，做事兢兢业业，也是一位贤才。千年之后，他的子孙将成为华夏历史上最著名的帝王，可是伯益自己却没有当天子的命。

　　大禹指定伯益为禅让人选之后不久，在东巡的途中，驾崩于会稽山。伯益虽然是大禹生前指定的接班人，但是明白自己为天下服务的时间太短了，在百姓心目中的威望远远无法跟当年的舜、禹甚至皋陶相提并论，于是就隐居于深山，不接受天下诸侯的朝拜。

　　有一句谚语说得好，国不可一日无主，军不可一日无帅。诸侯们匆忙商议决定："先王大禹还有一个儿子启呢，我们都去朝拜启吧。"天下百姓爱屋及乌，把对拯救苍生于水火的大禹的爱戴全部转移到了启的身上。这真是前人栽树，后人乘凉。就这样，上古王位传贤不传子的传统被打破了。

启伐有扈（hù）

　　当然启被拥戴为王，不完全是沾伟大父亲的光，他本人是一个有本事、有手段的"狠角色"。启有三大优势，这让他真正坐稳了天子宝座，筑牢了"家天下"的根基。

　　第一个优势，启出身显赫，血统高贵。除了顶着父亲大禹的光环，启的出生也有一段神奇的传说。相传，大禹的妻子涂山氏在怀着启时，一次偶然目睹了丈夫的神通变化，以为自己撞见了鬼，在惊慌失措中，竟然变成了一块石头。大禹着急地大喊："你好歹把孩子留给我！"他话音刚落，就看到顽石竟然裂开一道口子，启就从石头里蹦出来了。

在古汉语里，"启"就是"打开"的意思，"开启"这个词一直保留到现在。大禹给儿子起"启"这个名字，仿佛就是在向天下炫耀自己的儿子有不寻常的出生经历呢。

第二个优势，启为人贤明，人品出众。 天子的孩子不一定就品行出众。尧的孩子丹朱，舜的孩子商均，都是不让家长省心的"熊孩子"。然而，启跟他们完全不同。

伯益之所以不接受大禹的禅让，隐居起来，有一个很重要的原因就是他觉得自己未必比启贤明。天下的诸侯们也都很精明，无论再怎么爱戴大禹，也不会去朝拜一个不靠谱的人。

第三个优势，启有杰出的军事才干。

启虽然被推举上了王位，但并没有得到天下所有人的信服。比如，有一个叫有扈氏的诸侯就跳出来，公然表示反对："启这个小子何德何能？我可不认他这个天子。"

启受到挑衅，立刻集结人马，跟有扈氏在甘亭这个地方打了一场大仗。大战之前，启动员自己的部队，宣布自己是对有扈氏实行"天罚"，凡是服从自己指挥的士兵有赏，不服从指挥的士兵不仅会当场受到军法处置，其家属也要被贬为奴隶。

启颁布的军令威慑力极强，贵族和士兵们在战场上都表现得非常奋勇，一举消灭了有扈氏。天下诸侯看到有扈氏亡国灭种的悲惨下场，都不敢公开挑战启的权威了。

启伐有扈，改变了尧舜禹"公天下"以德服人的战略基调，开启了"家天下"征伐杀戮的时代。

太康失国

启凭借武力，最终征服了所有诸侯。他死后，王位传给了儿子太康。可是，**这夏王朝的"家天下"才传了一代，就在太康的身上暴露出巨大的隐患。**太康既没有祖父大禹为天下牺牲自我的高尚情操，又没有父亲启聪明睿智的才干，他得天下不是凭德行和能力，而是靠家族血统的传承。所以，他一点儿都不懂得珍惜夏家王朝，整天醉心于打猎游玩。

这时，东方有穷氏部落的首领后羿趁虚而入，攻打太康。后羿擅长射箭，武力超群，神话《后羿射日》就是以他作为原型创作的。太康这个纨绔子弟哪里是后羿的对手，果然丢了天子宝座，流落荒野。

后羿夺了太康的天下，觉得自己的能耐与夏启齐平，天下诸侯没人敢挑战他的权威。后羿如此骄傲自大，逐渐步了太康的后尘，也整天带着弓箭去野外打猎取乐，把国家朝政都交给了一个叫寒浞（zhuó）的大臣。

寒浞是一个奸险的小人，他利用后羿对自己的轻信，趁后羿在外狩猎没有防备，谋杀了后羿。心狠手辣的寒浞觉得杀了后羿还不过瘾，竟然煮了后羿的肉，让后羿的儿子们吃。后羿的儿子们不肯吃，就都被寒浞杀死了。丧心病狂的寒浞掌控了夏王朝，百姓从此陷入一片深重的黑暗。

少康中兴

寒浞是靠着谋害主子的不光彩手段夺取最高权力的，他总是担心自己的位置会被人夺走。后羿已经死了，寒浞觉得当年逃走的太康是夏王朝名正言顺的统治者，只要太康的家族还活在这个世上，就总会有人对自己的统治指指点点，说三道四。因此，他决定杀光大禹的后代，斩草除根，以绝后患。

当年太康被后羿赶走以后，去投靠诸侯中的亲戚斟寻氏。到了寒浞杀死后羿的时候，太康早已经死了，夏的王位在名义上传给了太康的侄子相。相的妻子后缗（mín）

正怀着孩子，一家人过着其乐融融的小日子，没想到危险已经逼近。

寒浞派了自己的儿子浇（ào）去攻打斟寻氏，并交代不能留一个活口。浇是一个大力士，能在旱地上撑着一艘船飞似的前进。而且浇的性格比他老父亲寒浞还要残暴，特别适合执行这项追杀任务。事实上，浇在执行这项任务时的确毫不手软，甚至"超额"完成——不仅屠杀了斟寻氏，还把跟夏王朝有亲戚关系的另一家诸侯斟灌氏灭门了。

相虽然死在了浇的血腥屠刀下，但是他的妻子后缗侥幸躲过了这一劫。她怀着孩子逃回了娘家有仍氏，生下了一个儿子，取名少康。

少康在姥姥家茁壮成长。与此同时，寒浞和浇的倒行逆施已经让百姓们忍无可忍了。大家越来越怀念大禹和启的功绩。一些夏朝的老臣打听到少康的下落，纷纷来投靠。

在隐忍中成长起来的少康不负众望，团结起天下的诸侯起兵，杀死了寒浞和浇这两个为害人间的恶棍，恢复了夏朝的天下。太康失国后，有穷氏的后羿、寒浞统治了天下将近四十年，少康成为中国历史上第一位恢复自家王位的君主，史称"中兴"，也就是重新振兴的意思。

夏桀亡国

夏王朝虽然出了少康这样杰出的君主，但还是慢慢走向了没落。无论哪位君主都保证不了自己的儿子必定是一个贤才，而一个平庸之辈是很难担负起统领天下的重任的。这可以说是"家天下"无法修补的缺陷。

少康之后，夏朝的王位又传了数代，随着王朝的衰落，天下的诸侯渐渐离心离德。夏朝传到君主桀的手里，气数终于尽了。

这个桀生性顽劣、狠毒，一点儿也不觉得干坏事有什么不对，所以是受到万世唾骂的典型暴君。桀还把自己比成天上的太阳，意喻光芒普照大地，让万物生长。

老百姓却对桀这个"太阳"恨得牙根痒痒，都在背地里诅咒桀："怎么才能赶走这个'太阳'啊，我愿意跟它同归于尽！"

桀不得人心，自然没有好下场。他被赶下王位，凄凄皇皇地逃亡时，非但没有一点儿悔悟，反而恨恨不平地说："早知今日，我真后悔当初没有杀了那小子！"

桀后悔没杀的人是谁呢？我们在下一篇接着说。

劳神苦思

释义：指为某人为某事担忧、费心。

《夏本纪》原文：禹伤先人父鲧功之不成受诛,乃劳身焦思,居外十三年,过家门不敢入。

例句：他这半个月来劳神苦思,这个项目终于有了起色。

凤凰来仪

释义：指凤凰来舞,仪表非凡。古代指吉祥的征兆。

《夏本纪》原文：于是夔行乐,祖考至,群后相让,鸟兽翔舞,《箫韶》九成,凤皇来仪,百兽率舞,百官信谐。

例句：今晚的戏剧真是让所有观众感受到了凤凰来仪、气象万千。

于是夔行乐①,祖考②至,群后③相让,鸟兽翔舞,《箫韶》九成④,凤皇来仪⑤,百兽率舞⑥,百官信谐。帝用此⑦作歌曰："陟⑧天之命,维时维几。"乃歌曰："股肱喜哉,元首起哉,百工熙哉!"皋陶拜手⑨稽首扬言曰："念哉,率为兴事,慎乃宪,敬哉!"乃更为歌曰："元首明哉,股肱良哉,庶事康

哉！"又歌曰："元首丛脞（cuǒ）⑩哉，股肱惰哉，万事堕哉！"帝拜曰："然，往钦哉！"于是天下皆宗禹之明度数声乐，为山川神主。

注释：
①于是夔行乐：当夔演奏音乐的时候。
②祖考：祖父和父亲的灵魂。
③群后：指各地区的诸侯。
④《箫韶》九成：乐曲《箫韶》反复变奏。
⑤来仪：优雅地来临。
⑥率舞：一个接一个地起舞。
⑦用此：因此。
⑧陟：通"敕"，敬奉。
⑨拜手：古代男子的跪拜礼，双膝下跪，两手拱合，俯首至手。
⑩丛脞：杂乱、细碎。

大禹的功绩

在这一篇中，我们了解到大禹是一位十分有胆识、有才干的领袖。他对于中国古代历史的发展起到了十分重要的作用。他的主要功绩有四项：

第一项，治水。大禹治水和他的父亲鲧治水的方法不一样。鲧采用的是"堵"的治水方法，结果辛辛苦苦治理九年，仍然没有取得什么效果，最后被流放远方。大禹吸取了鲧治水失败的教训，采取了以疏通为主的治水方法，很快取得了显著成效。他在治水的过程中与民众同吃同住，同甘共苦，民众对他充满了感激和敬佩，为他日后成为统治者奠定了良好的群众基础。

第二项，定九州。根据《尚书·禹贡》记载，大禹在治水时将天下分为冀州、兖州、青州、徐州、扬州、荆州、豫州、梁州和雍州九个区域。司马迁把这一段历史记载引用到《史记》中来。在夏、商、周时代，统治者都按照这九州的区划进行管理。后来"九州"就成了中国的代称。

第三项，巩固军权。大禹治水成功之后，又被舜帝派去讨伐其他部落。大禹在与其他部落之间的数次对抗中，都取得了胜利。他把这些部落驱赶出中原。从此，被驱赶出中原的部落逐渐衰微，而夏部族则成为部族联盟的首领。

第四项，传子。大禹废除禅让制，开启世袭制，使中国古代历史进入"家天下"的时代。从"公天下"到"家天下"的转变顺应了人类社会从原始社会进入奴隶制社会的历史发展趋势，客观上推动了中国原始社会向更高的社会形态发展的进程，是历史的进步。

名师带你读史记

03 篇

【殷本纪】

玄鸟生商

残暴的夏桀死到临头不仅没有好好反省自己的荒淫无耻，反而后悔当初没有杀一个人。什么人让暴君夏桀这么恨之入骨呢？

他就是古代著名的仁爱之君，与尧、舜、禹并称"四圣"的成汤。

成汤率领殷人部落打败夏桀，古代史官把他建立的新王朝称为"商朝"。

可是在《史记》中，司马迁却把商朝的历史叫作《殷本纪》，司马迁为什么用不同的方法为这段历史命名呢？

这就要从殷人的始祖——殷契讲起了。

天命玄鸟

殷契的出生是一个神话。相传，在一个阳光明媚的春日，有娀（sōng）氏部落的一群女孩儿外出沐浴。其中有一个叫简狄的女孩子看见天上飞过一只燕子，燕子在半空中下了一颗蛋。充满好奇心的简狄用双手接住了燕子蛋，然后把它吞进了肚子。没想到，这颗燕子蛋在简狄的肚子里孕育出了一个新的小生命。这就是殷人始祖契的出生故事。

这个故事被记录在殷民族的史诗《诗经·商颂·玄鸟》中，代代相传，成为经典。契不仅出生经历神奇，能力也十分出众。舜任命契做朝廷的司徒，专门负责教导百姓，并且把"商"这个地方给他做封地。殷人之所以又被称为"商人"，就是从祖先的封地之名而来的。

古代的贵族要再取一个姓氏来显示其出身。契是母亲吞了鸟蛋之后生的，在有的方言里，蛋又被称为"子"，比如老北京话里的"鸡蛋"也叫"鸡子儿"，因此契就被赐以"子"为姓。

成汤革命

契的家族传了十多代人，出了一位叫成汤的后代。

成汤是一个特别有仁爱之心的人。

有一次他组织猎人们外出打猎，手下的猎人们张开捕猎网，把整片山林都围了起来。为了多抓猎物，猎人们还向神祷告："天下四方的猎物都撞到网里来吧。"

成汤一听，认为这种做法会让动物灭绝，太过分了吧。他赶紧下令，猎人们只许在一个方向设网，撤掉其他方向的网。成汤向神祷告："动物们想往左逃就往左逃吧，想往右逃就往右逃吧！如果有些动物运气实在不好，就撞到我的网上来吧。"

成汤对动物都有爱心，对臣民、百姓就更不用说了。 这就跟当时的天子——暴君夏桀形成了鲜明的对比。

夏桀不仅荒淫无耻，还残害忠臣。成汤觉得，夏桀这么做实在太过分了，就上书规劝夏桀。夏桀自比太阳，心高气傲，根本没把成汤这个小诸侯放在眼里。他粗暴地命令下属把成汤抓起来，关在一个叫夏台的地方。他可能是把成汤的仁德当成了软弱，觉得成汤经不住牢狱之灾的吓唬，关了几天就把成汤放了。

虽然桀看不起成汤，但是其他诸侯却无比尊敬仁德的成汤。 所以囹圄之灾不仅没有损毁成汤的声誉，反而让他从此名满天下。有一个叫伊尹的人，不惜卖身为奴，背着一口大黑锅专程来投奔成汤。**伊尹一出现，就改变了殷人部落的命运。**

原来，伊尹在夏桀的朝廷里待过，对桀的倒行逆施感到无比失望。伊尹听说有莘氏这个部落要把女儿嫁给成汤，就凭着一门烹饪的好手艺，混进了有莘氏陪嫁奴隶的队伍里，来到了成汤身边。

成汤兴致勃勃，想尝尝太太有莘氏老家的饭菜是什么滋味。他刚尝了一口菜，就竖起大拇指，立刻要见见这位手艺高超的厨师。伊尹因此有了亲近成汤的机会，两个人从烹饪一直聊到治国，只觉相见恨晚。

那次会面之后，成汤很快提拔伊尹当了宰相，总找伊尹一起商量国家大事。从厨师到宰相，伊尹实现了人生的飞跃。从此以后，中国的厨师都把伊尹尊为烹饪行业的祖师爷。今天中国餐饮行业的最高奖就是伊尹奖呢！

成汤得道多助，不仅有伊尹在身边运筹帷幄，还得到天下诸侯的支持拥戴，很快就打败了失道寡助的夏桀。这是中国历史上第一次用武力推翻旧王朝。古人相信夏朝丢失了自己的天命。天命变革，被商朝继承了，这种朝代变更就被称为"革命"。

太甲复位

成汤去世以后，伊尹又辅佐了几代商王。成汤的孙子太甲继承王位后，伊尹认为这个年轻人还不太懂事，就以长辈的身份对他谆谆教导。

刚开始，太甲还听伊尹的话，竭尽全力谨慎治国；可是三年之后，他就觉得伊尹这位老人家非常啰唆，很烦人，于是开始我行我素。

伊尹本希望太甲能成为像祖父成汤一样伟大的君主，可是却失望地发现这个年轻人越来越叛逆，甚至越来越像暴君夏桀了。伊尹一琢磨：这年轻人整日沉迷于荒唐的享乐，又不听劝，这样下去太危险了，要想办法给他换个环境，帮助他改掉一切不良嗜好。

于是，伊尹就做了一个大胆的决定——下令把太甲从王位上赶了下来，罚他去一个叫桐宫的地方给祖父成汤守墓，国家大事暂时由伊尹代理。

在古代，大臣把天子赶下台，这不是造反作乱吗？可是伊尹这样做确实是出于一片赤胆忠心。他派人时时关注太甲在桐宫有没有改过自新。过了三年，伊尹确定太甲真正吸取了教训，已经洗心革面，于是亲自去把太甲接了回来，把天下交还给他。太甲终于不负伊尹的一片苦心，成为后世称颂的一代贤君。

盘庚迁殷

殷人有个独特的风俗——他们没有固定的都城，有点儿像北方的游牧民族。当王位传到盘庚这一代的时候，殷人已经迁过四回都城了。这时候殷商王朝的实力已经大不如前。盘庚审时度势，觉得应该把都城从黄河以北迁到黄河以南的中原腹地，回到祖先成汤开辟王朝的旧都去。

虽然盘庚的计划有道理，但是贵族们都觉得迁都很麻烦，懒得挪地方。他们只贪图自己的安逸方便，却不考虑国家的前途命运。于是盘庚就把都城里的贵族和平民们召集在一起，向大家发表了长篇的演讲，要求大家同心同德，听从他的指挥。在演讲中，他还警告贵族和大臣，不要煽动老百姓，让大家人心惶惶。因为负面情绪像草原上偶然落下的小火星，能够迅速燎燃整片草原，不可收拾。殷人迷信祖先鬼神，盘庚就借着已逝的先王和贵族先祖们的名义来威吓贵族和大臣，让他们知道迁都势在必行。

盘庚凭着坚定的意志和杰出的口才，终于完成了迁都的计划。回到成汤旧都的商朝，仿佛老树长出新芽，又焕发出了活力。

武丁盛世

盘庚之后又过了几代人，王位传到了商王武丁手中，

商朝迎来了一个盛世。

武丁刚刚即位，就立下远大的理想——成为像祖先成汤一样了不起的君王。成汤建立商朝，离不开贤臣伊尹的辅佐。武丁也想找到一位像伊尹一样的人来辅佐自己。正所谓"日有所思，夜有所梦"，武丁白天求贤若渴，晚上便梦到上天派来了一位圣人。他梦醒后，圣人的面容仍栩栩如生地在他脑海里浮现。他迅速召集宫廷里的大小官员，经过一番仔细的辨认，却没有发现梦里的那位圣人。

武丁并没有灰心，决定到民间去找。他派出使者，按照自己的描述到处寻访梦中之人的踪影。皇天不负有心人，这位梦中之人还真被一位使者给找到了。可是这位使者找到他的时候，心里却直犯嘀咕：眼前这位真的是圣人吗？

原来这位曾出现在武丁梦里的人，是一个苦刑犯。他被找到时，正披枷戴锁做苦力、盖房子呢。使者惴惴不安地把这个叫傅说的犯人带回去见武丁。武丁高兴极了，说："这就是我梦里见到的圣人。"

武丁赶紧把傅说请到身边，促膝长谈，交流治国之道。经过沟通，武丁认为傅说果然不是凡人，确实是天赐给殷商的圣人！武丁不在乎傅说的出身，立刻提拔傅说为宰相，把国家大事交付给他。

武丁不拘一格任用人才，开创盛世，成为佳话，也就

有了后来《孟子》提到的"傅说举于版筑之间"的故事。

千古暴君

武丁之后，商朝由盛转衰。国之将亡必有"妖"，商朝一连出了几代"作妖"的君主，终于被"作死"了。

商朝的倒数第三位君王叫武乙。他自高自大，为了显示自己比天神还厉害，想出了荒唐的主意。他用一个皮口袋盛满了血，高高挂起，然后用箭去射口袋，血从破口滴下来。他把这个无聊的游戏叫作射天。讽刺的是，天倒是没被他射死，他自己却在外出打猎时被雷给劈死了。

武乙已经够荒唐可笑了，可是跟他的亲孙子帝辛比起来，只能算是小巫见大巫。帝辛在历史上有个更臭的名号——纣王，可谓是千古第一暴君。

纣王宠爱妃子妲己，整天过着荒淫无耻的日子。为了满足私欲，他搜刮尽老百姓的钱财来建宫殿。在沙丘的行宫，他挖空心思，让人把酒灌满池塘，把肉挂成林，不分昼夜地吃喝玩乐，穷奢极欲。

为了对付百姓，纣王颁布严酷的刑法。他发明了炮格的酷刑——让人在烧红的铜柱上行走，人忍受不了滚烫的温度，就会掉进下面的火坑，被烧成灰烬。纣王一边喝酒，一边把无辜之人的惨叫当成娱乐，每天乐此不疲。

大臣们如果劝谏纣王，就肯定没有好下场。有一位叫比干的忠臣冒死进言，结果被纣王活活挖心。九侯的女儿嫁给纣王，不愿顺从纣王的恶行，不仅遭到纣王的屠杀，还牵连了父亲九侯——被纣王剁成肉酱。鄂侯为九侯打抱不平，当面顶撞纣王。纣王下令杀了鄂侯，还不解恨，又让人把鄂侯的尸体做成了肉脯。西伯姬昌看到两位同僚死于非命，实在于心不忍，只是偷偷叹了口气，就被纣王打入了土牢。

纣王统治的天下简直就是人间的地狱。不过，纣王恶贯满盈，终有报应。西伯姬昌的那一声叹息，其实预示着一场新的"革命"来了。

成语撷英

网开三面

释义：原意指商汤把捕禽兽的网撤去三面，比喻仁慈善良，对罪犯或敌人宽大处理。

《殷本纪》原文：汤出，见野张网四面，祝曰："自天下四方皆入吾网。"汤曰："嘻，尽之矣！"乃去其三面，祝曰："欲左，左。欲右，右。不用命，乃入吾网。"

例句：小龙这次犯了这么大错误，要不是因为王叔叔网开三面，他就要被开除了。

悔过自责

释义：追悔过错，责怪自己。
《殷本纪》原文：帝太甲居桐宫三年，悔过自责，反善，于是伊尹乃迎帝太甲而授之政。
例句：他为自己做过的错事悔过自责。

当是时，夏桀为虐政淫荒，而诸侯昆吾氏为乱。汤乃兴师率诸侯，伊尹从汤，汤自把钺①以伐昆吾，遂伐桀。汤曰："格②女③众庶，来，女悉听朕言④。匪台（yí）小子敢行举乱，有夏多罪，予维闻女众言，夏氏有罪。予畏上帝，不敢不正⑤。今夏多罪，天命殛之⑥。今女有众，女曰：'我君不恤我众⑦，舍我啬事而割政⑧。'女其曰：'有罪，其奈何？'夏王率止众力，率夺夏国。有众率怠不和⑨，曰：'是日何时丧？予与女皆亡！'⑩'夏德若兹，今朕必往。尔尚及予一人致天之罚，予其大理女。女毋不信，朕不食言。女不从誓言，予则帑僇女，无有攸赦。"以告令师，作《汤誓》。于是汤曰："吾甚武"，号曰武王。

注释：

①把钺：手持大斧。

②格：来啊。

③女：通"汝"，你们。

④来，女悉听朕言：你们都来听我说。

⑤予畏上帝，不敢不正：我是惧怕被上帝怪罪，才不敢不征讨它。

⑥天命殛之：上天是让我们消灭它。殛，诛，杀。

⑦我君不恤我众：我们的国君（夏桀）根本不体恤我们百姓。

⑧舍我穑事而割政：不让我们忙农活，让我们无法正常生活。

⑨有众率怠不和：众人都对夏王不亲近。

⑩是日何时丧？予与女皆亡：这个"太阳"什么时候才灭亡呀，我们情愿陪着你一起灭亡！

甲骨文与后母戊方鼎

20世纪上半叶，考古学家在河南安阳发现了一处伟大的历史遗迹——殷墟。在殷墟出土的甲骨文以及刻在青铜器上的金文记载是已经发现的中国最早的成系统的文字符号。所以，从商朝开始，中国的历史从半信半疑的时代过渡到有据可查的信史时代。

甲骨文兼有象形、会意、形声、假借、指事等多种造字方法，已经是成熟的文字。在出土的甲骨卜辞中，发现有四千六百余字，学者认识的已有千余字。甲骨文因刻写材料坚硬，故字体为方形。而同时出现在青铜器上的金文，因为是铸造青铜器时刻上去的，所以字体为圆形。

1939年，殷墟出土了铸造于商朝晚期的青铜器后母戊方鼎。这尊青铜器的腹内壁刻有三个金文——"后母戊"，因此得名"后母戊方鼎"。后母戊方鼎是现存最大的商代青铜器。后母戊方鼎是商王文丁祭祀其母"戊"制作的大型礼器，具有形制大、纹饰美、气质沉稳等特点，以及非常明显的商朝青铜器风格。

04 篇

〖 周本纪 〗（上）

天命所归

残暴的殷纣王倒行逆施，惹得天怒人怨，商朝的"天命"全毁在了他手里。代之而起的继承者是西方关中盆地的周朝。

周朝是一个了不起的朝代，中国历史上最伟大的思想家孔子，有一个毕生追求的人生理想——恢复周朝鼎盛时期的礼乐制度。

受孔子这位"周粉"的影响，历朝历代都在称颂周朝的建立是多么顺乎天命、合乎人心，而周朝的衰落又是多么令人痛心疾首。

周朝究竟是一个怎样的朝代呢？我们先从周人祖先神奇的出生过程讲起吧。

农师后稷

周人的祖先名叫弃，抛弃的弃。他为什么叫这么个怪名字呢？因为他出生的过程太不寻常，族人都把他当妖怪，想把他抛弃、扔掉，所以用"弃"这个字为他命名。

弃的母亲名叫姜嫄。有一天，姜嫄在野外发现了一个硕大的足迹。这个足迹有多大呢？姜嫄好奇地把自己的脚踩进去比了一比，发现自己的整只脚就相当于这个足迹上一个脚趾的尺寸。这一比不要紧，姜嫄突然感到脚底有一股热流涌上来，一直涌到肚子里——她就这么怀上了奇迹之子。

姜嫄神奇怀孕的事，让部落里的长老很担心——这到底是福是祸呢？然而，更奇怪的事还在后头呢！姜嫄怀胎十月，居然生下了一个圆滚滚的肉球。人们用刀划开肉球的表层，发现里面躺着一个健康的胖婴儿。

长老们见状，都倒抽了一口冷气，认定这个婴儿是妖怪。他们从姜嫄怀里抢过婴儿，丢到了村头的小路口。因为过一会儿，在野外放牧的牛羊就要回村了，他们想让牛羊踩死这个不祥之物。可牛群、羊群到了村头，不知在听谁的指挥，都排着队绕开了这个刚出生的婴儿。

长老们见状，倒抽了第二口冷气，认定这个妖怪绝对不能留在村里。他们马上派人把婴儿扔到山谷的老林子里，希望豺狼虎豹吃了他。可没想到，原本杳无人烟的深山老林里突然来了一群伐木工,他们听到婴儿的哭声,又把孩子带了回来。

长老们见状,倒抽了第三口冷气,慨叹道:"看来,这妖怪缠上我们了。不行不行,我们必须把他扔到更远的地方去。"

俗话说,孩子是从妈身上掉下来的肉,姜嫄舍不得孩子,支撑着虚弱的身体去野外寻找。当时,下着鹅毛大雪,冰天雪地,刚出生的婴儿怎么受得了呢?

突然,姜嫄听到从结冰的湖面上传来婴儿的哭声,赶紧循着声音找过去,被眼前温馨的一幕惊呆了:原来不知从哪里飞来一群大鸟,把被丢弃在冰面上的婴儿团团搂在翅膀中间,用自己的羽绒给婴儿保暖。

姜嫄才不管这孩子是不是妖怪,坚持要把他养大。后来,这个被叫作弃的孩子,在童年时期就显示出天赋异禀——别的小孩都爱玩儿,他却喜欢钻研"高科技"!

我们都知道,科技能够帮助人类把生活变得更美好。有句成语说得好,民以食为天,在古时候,最重要的科技就体现在农业上。弃懂得如何筛选好的种子,培育出产量更高的庄稼。在部落的田地里,弃种的庄稼质量最好,产量最高,农夫们纷纷向他请教,还尊称弃为后稷。在古时候,"后"是君主的意思,"后稷"就是庄稼大王的意思。

后稷的名声甚至传到了帝尧的耳朵里。帝尧提拔他为

"农师"，帮助天下黎民吃饱饭。从此，曾经被当成妖怪抛弃的孩子成为天下闻名的大人物。周人就是沿着这位祖先的足迹，一步步壮大起来的。

岐山神鸟

后稷的子孙们一直是默默无闻的农夫，一直传到了古公亶（dǎn）父这一代，周这个部落渐渐出现了新的气象。

古公亶父是一位深受大家爱戴的宽厚长者。部落附近的游牧民族欺负周人，向古公亶父勒索财物宝贝。古公亶父不想生灵涂炭，宁愿破财消灾。可是游牧民族贪心不足，还想索取土地和人口。部落里的百姓觉得实在憋屈，纷纷要求血战到底。

古公亶父了解了百姓的意愿之后，说："君主首领是要为百姓谋福利的。现在百姓要为我去打仗牺牲，我怎么能够安心啊？"

于是他决定把土地和百姓都让出来，只带着自己的家人向东迁徙到关中的岐山脚下。

这样无私爱人的首领，真是打着灯笼也难找啊。周部族的百姓不愿意受外族奴役，都追随古公亶父。四周的一些小部落听说了古公亶父的高风亮节，也纷纷来投奔。周人们开垦土地，建造城池，使岐山脚下的荒野一下子变得热闹非凡。

古公亶父有三个儿子。老大叫太伯，老二叫虞仲，老三叫季历。季历生了一个儿子名叫姬昌。姬昌出生前，古公亶父做了一个奇怪的梦：太阳和月亮落在这个即将降世的婴儿身上。在姬昌出生那天，岐山上突然飞来一只五彩大鸟，高声鸣叫。人们纷纷传说，这只大鸟就是神鸟凤凰。在古公亶父眼里，梦和凤凰都是祥瑞，他由此相信姬昌就是将要振兴周部族的天选之子。

太伯和虞仲明白了父亲的心思。这兄弟两人都是谦和仁厚的贤人，为了让姬昌将来能够顺利继位，他们心甘情愿地把首领之位的继承权让给弟弟季历，自己迁徙到万里之外生活。

太伯和虞仲的这一番好意没有白费，**姬昌日后成为被万世称颂的明君周文王，正是他领导周部族一飞冲天，开始了反抗商纣王暴政的斗争。**

天命之谜

"天命"这个东西，虚无缥缈，看不见、摸不着也说不清，但古人却对它深信不疑。周部落越来越强大，姬昌被诸侯们尊称为西伯，也就是西方的头儿。

有人向商纣王打小报告："您要提防姬昌啊！"

商纣王却满不在乎地说："我难道不是天命所归的天子吗？我有什么好怕的。"

干尽坏事的纣王能够如此盲目自信全是拜"天命"所赐，让我们来破解一下这神奇的"天命"究竟是什么。

在中国古代的历史上，周文王姬昌是一个完美体现"天命"转移的例子，我们就从他的内外两面来解释一下古代的人是怎么理解"天命"这回事的。

在《史记》的记载里，"天命"首先可以被理解成一种对自我命运的觉醒，姬昌就是在特殊的环境里突然获得了启示。这是怎么回事呢？

在上一篇中我们说到，西伯姬昌因为看不惯纣王残杀九侯、鄂侯叹了一口气，被打入了大牢，随时都有掉脑袋的危险。

在与世隔绝的牢房里，姬昌迷上了一样东西——相传是伏羲氏发明的八卦。姬昌不想在牢房里虚度光阴，就把由阴阳两种变化形成的八卦卦象重叠起来，变出了八八六十四卦。在神奇的卦象变化当中，**姬昌隐隐约约理解了君子如何在逆境中自强不息，等待命运转机的真谛。**果然，没多久，纣王收了周人进贡的财宝，竟然痛痛快快地把姬昌给放了。姬昌跟死于非命的九侯、鄂侯相比，真是同人不同命。

姬昌把在牢里发明的六十四卦传了下来，这就是后来的儒家经典《易经》。《易经》还有一个名字叫《周易》，这个"周"字，就是从周文王姬昌开悟这里来的。

"天命"的外延简单来说就是人心所向。纣王残暴成性，整天花天酒地，不理百姓死活。与之相反的，姬昌却推行仁义，爱护百姓。当时到处流传着"要养老，找西伯"，百姓从四面八方来投奔。

姬昌把国家治理得井井有条，成了诸侯羡慕的榜样。诸侯之间有争执，都不找昏君纣王解决，而是请姬昌来主持公道。姬昌还礼贤下士，但凡听说有才能的人来拜见他，就连饭都顾不上吃马上去接见。许多优秀的人才都不远千里来到岐山的脚下，帮助姬昌实现"天命"，其中就有天下第一的兵法家姜子牙。姜子牙认为自己背叛殷商来投奔姬昌绝对是一个弃暗投明的壮举。

"天命"的内外加持，姬昌都感受到了，在公道人心的支持下，周人开始了一步步推翻商朝的计划。可正在这个关键时刻，西伯姬昌的寿命却走到了尽头。"天命"实在太不可捉摸了！

武王伐纣

姬昌死后被尊称为"文王"，他的儿子姬发继位。姬发被后世尊称为"周武王"。

周武王足足准备了九年时间，终于决定出兵讨伐纣王。周部落大军从关中出发，一路东进。在渡黄河的时候，一条大鱼跳上了周武王的船头。武王把这条鱼当成供品来祭天。

军队在黄河南岸驻扎的时候，天上像是降下了一团火，直落在武王的帐篷上，可众人定睛一瞧，却发现原来是一群由红色小鸟结成的鸟群。在古人的眼里，这些自然界的奇妙景观都是出征的祥瑞。

得到了周人起兵的消息，天下诸侯纷纷响应，主动来投奔黄河南岸的周人大军。诸侯都争先恐后地说："现在就是我们消灭暴君的好机会！"

周武王姬发得到了如此热烈的响应，却冷不丁地给大家泼了一大瓢冷水："'天命'还没有彻底抛弃商朝，现在不可进军。"所以，这场战争还没开始就结束了。

又过了两年，纣王的暴行更出格了——他杀了忠臣比干，囚禁叔叔箕子。朝廷的乐师抱着宫廷里的乐器出逃，投奔周人。显然，整个殷商朝廷正在土崩瓦解。

这时候周武王才通知各路诸侯："殷商有大罪，我们这一次一定要出兵讨伐它！"这一次周人大军的兵力包括战车三百辆，虎贲（bēn）勇士也就是我们现代人说的敢死队三千人，穿盔戴甲的主力大军四万五千人。诸侯们来

名师带你读史记

会师，又带来了四千辆战车。

这支军队开到了商朝都城朝歌郊外一个叫牧野的地方，纣王的军队正严阵以待。周人联军面对的是一支人数达到七十万的大军！乍一看，双方实力相差悬殊，周武王的诸侯联军简直就像是以卵击石。

但是到了开战的时候，周武王率领的联军众志成城、同仇敌忾，正义之师势不可当。而商朝的七十万大军，都是由备受纣王压迫的老百姓组成的。他们早恨透了暴君的统治，心里反而盼望着天命所归的周武王来解放自己。

于是，七十万殷商大军纷纷掉转了矛头，加入了周人联军来讨伐暴君。众叛亲离的独夫民贼商纣王，仓皇逃进了豪华的宫殿，放火自焚，结束了自己恶贯满盈的一生。

歌功颂德

释义： 指歌颂一个人的功绩和德行。

《周本纪》原文： 于是古公乃贬戎狄之俗，而营筑城郭室屋，而邑别居之，作五官有司。民皆歌乐之，颂其德。

例句： 他努力做出这些贡献，并不是为了让别人歌功颂德。

积善累德

释义：指多做善事，积累德行。

《周本纪》原文：崇侯虎谮（zèn）西伯于殷纣曰："西伯积善累德，诸侯皆向之，将不利于帝。"

例句：奶奶一生积善累德，街里街坊都特别尊敬她。

白鱼入舟

释义：比喻用兵必胜的征兆。

《周本纪》原文：武王渡河，中流，白鱼跃入王舟中，武王俯取以祭。

例句：这本突然出现的辅导手册对我而言犹如白鱼入舟，让我信心倍增。

孜孜无怠

释义：指刻苦努力，丝毫不松懈。

《周本纪》原文：十一年十二月戊午，师毕渡盟津，诸侯咸会。曰："孳孳无怠！"

例句：这个课题虽然很难，但是我们孜孜无怠，完全没有被困难吓倒。

崇侯虎①谮②西伯于殷纣曰："西伯积善累德，诸侯皆向③之，将不利于帝。"帝纣乃囚西伯于羑里。闳夭之徒患之，乃求有莘氏美女，骊戎之文马④，有熊⑤九驷⑥，他奇怪物，因殷嬖（bì）臣⑦费仲而献之纣。纣大说，曰："此一物足以释西伯，况其多乎！"乃赦西伯，赐之弓矢斧钺⑧，使西伯得征伐。曰："谮西伯者，崇侯虎也。"西伯乃献洛西之地，以请纣去炮格之刑，纣许之。

注释：
①崇侯虎：商朝诸侯，封国在崇，名虎。
②谮：说别人坏话。
③向：向往。
④文马：毛色有斑块、花纹的马。
⑤有熊：有熊氏，古国名。
⑥九驷：马三十六匹。古称四匹马为一驷。
⑦嬖臣：男宠。
⑧弓矢斧钺：诸侯拥有征伐之权的象征。

牧野之战中的成语

在中国古代史上，牧野之战是一场著名的以少胜多、以弱胜强、先发制人的战争，也是一场以车战闻名的战争。在牧野之战中，周武王展现出的谋略和指挥思想对中国古代军事的发展意义重大。在牧野之战后，六百年的商朝成为过去，周王朝登上了历史舞台，开辟了一条礼乐文明的兴盛之路。

这场意义非凡的战争还衍生出很多有趣的成语，现在就让我们一起来学习。

第一个成语是"前徒倒戈"。这个成语出自描述牧野之战的一篇典籍——《尚书·武成》，意思是前面的部队投降敌方，反过来打自己人。在牧野之战中，周武王兵临朝歌，两军未交，纣王手下的兵士就掉转戈头，攻打纣王。

第二个成语是"反戈一击"。这个成语也出自《尚书·武成》，原文是："甲子昧爽，受率其旅若林，会于牧野。罔有敌于我师，前徒倒戈，攻于后以北。"所以，"反戈一击"的意思是掉转枪头向原来所属的阵营进攻；也比喻一旦觉悟，回过头来对自己一方的坏人坏事进行揭露和斗争。

第三个成语是"血流漂杵"。《尚书·武成》中记载，在周武王讨伐商纣王的牧野之战中，双方杀得天昏地暗，血流漂杵。所以，"血流漂杵"这个成语是指血流成河，木杆兵器都漂了起来，形容战死的人很多，也泛指流血很多。

　　第四个成语是"前歌后舞"。这个成语出自《尚书大传·大誓》，原指武王伐纣，军中士气旺盛，后来人们用作对因正义而战的军队的颂辞。

　　通过了解这些成语的意思，我们能够对牧野之战的基本情况和激烈程度形成一些粗浅的印象：牧野之战既是一次血腥残酷的肉搏，也是一场改朝换代的"革命"，是一场值得我们去翻阅史书详细了解的重要战争。

05 篇

【 周本纪 】（下）

烽火戏诸侯

俗话说得好，天下没有不散的筵席。如果看周朝的国运走势，我们也可以说周人也没有永恒不变的"天命"。周人祖宗们虽然兢兢业业挣下了一份富有四海的家当，却被不肖子孙们不停祸害，最后落了个礼崩乐坏、天下大乱的下场。在这一篇中，我们来说说周朝由盛到衰的故事。

成康之治

周人打了一场轰轰烈烈的牧野之战，推翻殷商，接下来就要治理天下了。这是一项更加艰巨的任务。就在这百废待兴的关键时刻，周武王去世了，此时他的继承人周成王姬诵还是个不懂事的小朋友呢。不过，周王朝还有两位鞠躬尽瘁的"大管家"。他们尽心竭力地辅佐着年幼的周天子，让周王朝这艘大船得以冲破重重风浪，驶向星辰大海。

这两位"大管家"，一位是周公姬旦，一位是召（shào）公姬奭（shì），他们都是周武王的弟弟。他们二位虽然鞠躬尽瘁，但难以消除周武王去世的负面影响，麻烦事一件接着一件地出现了。

第一个大麻烦是周王朝内部出现了分裂。

周公和召公被周武王任命为托孤大臣，朝廷里的事由他们商量后做决定。

周武王还有三个兄弟，一个叫管叔鲜，一个叫蔡叔度，还有一个叫霍叔处，他们被派去监视殷商的遗民，因此号称"三监"。这三兄弟都觉得：托孤大臣那么风光，为什么不让我来做呢？他们被嫉妒冲昏了头脑，竟然联合商纣王的儿子造反。

周公刚刚带兵镇压了三个不听话的兄弟，马上又遇到了第二个大麻烦。

周王朝的大本营在陕西关中，跟东方的诸侯国离得很远。古代交通不便，如果东方出现什么敌情，周朝军队要走好长的路才能到前线，真是太麻烦了。

周武王活着的时候就考虑在东边找一个合适的地方，

造一个前哨基地。经过了东方的"三监之乱",周公和召公就决定在黄河和洛河之间的平原上建造一座坚固的堡垒。这座堡垒就是后来中国历史最悠久的古都——洛阳。

洛阳城刚建完,立刻发挥了作用,解决了第三个大麻烦——周人遭遇外族入侵。

有一个叫东夷的强大部落,曾经是商朝大军都无法征服的劲敌,现在决定来跟周人抢天下了。面对气势汹汹的东夷军队,周公、召公在洛阳运筹帷幄,迅速调动军队,迎头痛击东夷,然后又成功反击,直捣东夷老巢,平定了东方。

完成了"三监之乱""洛阳筑城"和"讨伐东夷"三件大事,周朝的天下才真正太平下来。周公和召公制礼作乐,设立各种管理国家的制度,又把土地分封给对周王室忠心耿耿的诸侯,让他们共同来守卫天下。在这两位杰出"大管家"的努力下,周成王和周康王两代天子的统治都被称为"盛世",史称"成康之治"。

周召共和

"成康之治"以后的周昭王和周穆王,都是爱打仗的天子。他们不讲以德服人,结果穷兵黩武——战争不仅掏空了王朝的家底,还让周昭王自己死在南征荆楚的战争中。周朝的实力自此开始走下坡路了。

王位又传了好几代，传到了周厉王姬胡的手里。这位周厉王是历史上著名的"大聪明"，"聪明"到把周朝搞了个一塌糊涂。

周厉王一登基，头等大事就是解决天子家也缺钱的窘境。周厉王跟自己的亲信大臣一商量："普天之下，莫非王土。土地河流、山川矿产……所有的自然资源都是我的。从今往后，百姓不仅种地要向我纳粮，砍柴、打鱼、伐木、开矿……统统都得给我好处！"周厉王这是想垄断世界啊。

古代的百姓都是靠山吃山，靠水吃水，想要活下去，只能忍受周厉王的剥削。百姓窝了一肚子火，在街头巷尾碰见了，只要聊起眼下的日子，都会批评周厉王的做法太过分了。

百姓的怨言传到了召公姬奭的耳朵里，他赶紧劝告厉王："百姓都受不了了，您这样下去可不行。"

周厉王听说老百姓在骂他，火冒三丈，立刻派了一些巫师当特务，在民间刺探是谁在骂自己。他命令巫师一旦抓到批评天子的百姓，就杀头。这下人们都怕祸从口出，在街上遇见熟人都不敢随便说话，只能互相使个眼色，然后赶紧散开。

"大聪明"周厉王喜滋滋地对召公说："你看我的办法

够高明的吧,能让他们统统闭嘴。"

召公心灰意冷地说:"大王啊,您强行堵上百姓的嘴,比强行堵塞一条河还危险啊。河流的水量积聚起来,一旦冲垮了大坝,就会造成惨重的伤亡。您不让百姓说话,一直淤堵百姓的怨气,等到百姓无法忍受,把所有的怨气都爆发出来,那后果真是不堪设想啊。"

可是,周厉王把召公苦口婆心的劝告全都当成了耳边风,完全不往心里去。百姓过了整整三年没有言论自由的日子,再也忍不下去了,愤怒的情绪果然像火山喷发,瞬间就形成了巨大的能量——大家要联合起来找周厉王算账。

周厉王这个"大聪明"看见百姓真的冲他来了,吓得赶紧脚底抹油,溜出了都城。这就是著名的"国人暴动"。

天子虽然跑了,但是国家还得有人管啊。危难之际,还是召公和周公这两位"大管家"挺身而出,联手执政,号称"共和"。这一年是公元前841年,是中国历史有明确纪年的开始。

召公、周公联合执政十四年,在这期间,周厉王一直躲得远远的,坐冷板凳。

从这以后,人们就把没有君主掌权的国家制度称为"共和制"。

烽火戏诸侯

共和十四年，周厉王终于一命呜呼。召公、周公推举太子姬静登上王位，成为周宣王。宣王不学爸爸的"大聪明"，而是任用人才，励精图治。就这样，风雨飘摇的周王朝又有了一点儿起色，史称"宣王中兴"。

不过，周王朝的根基早就松动了，"宣王中兴"只是王朝病入膏肓的回光返照。

周宣王的儿子周幽王刚即位的时候，发生了一场大地震。在这场地震中，周人的发祥地岐山被震塌了，土石壅堵河道，河水也断流了。自打周朝建立以来，国家从来没有遇到过这么大的天灾。朝廷上下人心惶惶，大家都在心里嘀咕："这难道是亡国之兆？"

俗话说，怕什么就来什么。谁也没想到压垮周王朝的最后一根稻草竟然是一个神秘的美丽女子。这个成为周朝"天命克星"的美女名叫褒姒（sì）。关于她的出生，还有一个奇怪的传言。

在周宣王的时候，民间流传着一则童谣。童谣里唱："桑木弓，草箭袋，周朝要完蛋。"这首童谣里唱的桑木做的弓和苇草编的箭袋，都是古代小孩儿的玩具，没有杀伤力，怎么会使周朝灭亡呢？

宣王也听到了这首童谣，很不高兴，于是下令不许周朝地界上的小孩儿再玩儿桑木弓、草箭袋，也禁止小商小贩在天子脚下卖这种玩具，违者杀头。

这时候，后宫里出了件怪事。有一个小宫女莫名其妙地怀了身孕，后来生了个女儿。小宫女怕这女婴是妖怪，就连夜把这女婴偷偷扔到了野外。

这天晚上，有一对卖桑木弓、草箭袋的小贩夫妇，因为惧怕周宣王的禁令，准备连夜逃回老家。黑灯瞎火中，他们听到有个婴儿在野外啼哭。他们可怜这条无辜的小生命，就带她一起逃回了故乡褒国。

多年以后，这个弃婴长成了一位绝世美女。褒国把她进献给了新天子周幽王。褒国是姒姓，因此古代史官就称这位美女为褒姒。

褒姒来到周幽王身边，从来不笑。这反而给她增添了一种冷艳的气质，让周幽王神魂颠倒。

为了博美人一笑，周幽王不惜废掉了原来的王后和太子，立褒姒为后，立褒姒生的小儿子为太子，以为这样就能博取美人欢心。可是，褒姒丝毫不为所动，仍然是整天冷若冰霜。

周幽王犯愁了，心想：我能给褒姒的都给了，还有什么能打动她，让她笑一笑呢？

有个会拍马屁的奸臣出了个馊主意。当时周朝常常遭到异族的骚扰，周幽王在骊山上设立了烽火台，一旦遇到紧急军情，守烽的卫士就点燃烽火，向四周的诸侯发出信号，请求救援。奸臣的主意就是用假烽火来骗诸侯，让王后娘娘来欣赏国王把诸侯当猴耍的热闹。

一国之君怎能把军国大事当儿戏？但是，周幽王才不管什么江山社稷，他只要美人一笑。他下令："快把烽火给我点上！"

诸侯们收到号令便纷纷带人赶来，却不见敌人。他们摸不清什么状况，乱作一团。

不知道这到底哪里好笑，在骊山顶上的褒姒却突然放声大笑，这可把周幽王高兴坏了。为了让褒姒开心，他又玩儿了好多次这种"狼来了"的荒唐把戏。

但是，诸侯们不会总被周幽王当猴耍，后来再看到骊山上的烽火，也都丝毫不在意，只管在家蒙头睡大觉。

诸侯里有一位申侯，他的女儿就是被周幽王废掉的王后。所以，申侯恨透了周幽王。他联合了强大的犬戎部落来打周幽王。

这回敌人真的来了，可是骊山的烽火号令却无人响应。周幽王被犬戎大军杀死在骊山脚下，关中大地生灵涂炭，陷入一片混乱。

之前被废的太子被诸侯们推上王位，成为周平王。周平王看老家关中彻底沦为外族铁骑肆虐的战场，只好率领残存的人马东迁，到当年第一代召公和周公建造的洛阳

名师带你读史记

定都。

<u>历史上把定都陕西关中的周朝称为"西周",东迁以后的周朝称为"东周"</u>。失去了故乡的周王室从此一蹶不振。华夏大地进入了诸侯争霸的时代,强大的诸侯一个个登上了历史舞台的中央。

不过,最后终结这几百年争战乱世的真正霸主,在周朝没落的此刻还只是护卫周平王东迁车队中的一个不起眼的小士兵呢。

道路以目

释义：路上相见,因恐惧而不敢交谈,只能用眼光互相示意。

《周本纪》原文：三十四年,王益严,国人莫敢言,道路以目。

例句：这里气氛太压抑了,人们道路以目。

防民之口,甚于防川

释义：君主阻止百姓抱怨、批评产生的危害,比堵塞河流引起的水患还严重,比喻不让百姓发表意见,危害极大。

《周本纪》原文：召公曰："是鄣之也。防民之口，甚于防水。……"

例句："防民之口，甚于防川"，我们要广开言路，开张圣听。

无可奈何

释义：奈何，没有办法。指事情发展到这个地步，想挽回已毫无办法。

《周本纪》原文：太史伯阳曰："祸成矣，无可奈何！"

例句：他已经放弃了参赛资格，我们也无可奈何。

百发百中

释义：比喻射箭技艺高超，引申为本领非常高强。

《周本纪》原文：去柳叶百步而射之，百发而百中之。

例句：我哥哥是神枪手，每次射击比赛都能百发百中。

前功尽弃

释义：弃，失掉。指以往的功劳、努力全部作废。

《周本纪》原文：今又将兵出塞，过两周，倍韩攻梁，一举不得，前功尽弃。

例句：他在这个关键时刻出现错误，导致整个计划前功尽弃。

原典再现

本纪·天子与天下

四十六年，宣王崩，子幽王宫涅①立。幽王二年，西周②三川③皆震。伯阳甫曰："周将亡矣。夫天地之气，不失其序④；若过其序，民乱之也。阳伏⑤而不能出，阴迫⑥而不能蒸，于是有地震。今三川实震，是阳失其所而填阴⑦也。阳失而在阴，原⑧必塞；原塞，国必亡。夫水土演⑨而民用也。土无所演，民乏财用，不亡何待！昔伊、洛竭而夏亡，河竭而商亡。今周德若二代之季矣，其川原又塞，塞必竭。夫国必依山川，山崩川竭，亡国之征也。川竭必山崩。若国亡不过十年，数之纪⑩也。天之所弃，不过其纪。"是岁也，三川竭，岐山崩。

注释：
①宫涅：周幽王的名字。
②西周：指镐京一带。
③三川：指泾水、渭水、洛水。
④序：次序。
⑤阳伏：阳气瘀滞、胀伏。
⑥阴迫：阴气压抑、急促。
⑦填阴：为阴气所镇。"填"通"镇"。
⑧原：通"源"，水源。
⑨演：畅通。
⑩数之纪：几个周期。纪，周期。

周朝的礼乐制度

周王朝建立后，建立了影响非常深远的礼乐制度。简单来说，礼就是指各种礼仪规范。

据《仪礼》记载，周礼最初共有十七项内容，包括士冠礼、婚礼、相见礼、乡饮酒礼、乡射礼、聘礼、朝觐礼、丧礼、祭礼、凶礼、军礼（行军，出征）、宾礼……这些礼仪规范几乎能够应用到生活中的所有场景。

周礼还把这些礼仪规范按照当时社会的不同阶层进行了区分，每一个阶层的人用的礼仪规范都不一样。可见，周礼用更加显而易见的方式把人与人之间的贵贱、尊卑、长幼都区隔开来。周礼施行之后，要求一个人首先要做到的就是"非礼勿视，非礼勿听，非礼勿言，非礼勿动"。

而"礼乐"中的"乐"就是用来让人们心甘情愿地接受这种社会等级差距的。"乐"不是单纯的旋律，还蕴藏着哲学、文学、社会政治、伦理等元素。不同的音乐，对人们的思想、行动产生的影响大不相同。古人们十分认同音乐可以促进移风易俗、推进教化。

本纪·天子与天下

06篇

【 秦本纪 】

从马夫到天子

西周灭亡，战火熊熊。周平王意识到父亲去世后，关中老家没法待了，只好仓皇东迁到洛阳定都。

周平王这一路可谓历尽艰险，幸好有一支人马一直忠心耿耿地保护着他这位天子。虽然这支保护天子的车队人数不多，但个个骁勇善战，给他留下了很深的印象。

到了洛阳，周平王论功行赏，就对这支队伍的领头人说："我知道你家世世代代给王室养马，你的身份卑微，但是你这回立了大功，我就破格提拔你当一方诸侯吧！"

可是，按照周朝的老规矩，凡是被封为诸侯的人都是能得到封地的。于是，周平王就给这个车队的领头人"画了个大饼"，说："可恨那犬戎杀了我的爹，占了我的国。

你家本来就在西方，你只要能赶走犬戎，就可以获得所有的失地。"

周平王从来没把自己说的这段关于封赏马夫的话放在心上，因为根本没想到这群彪悍的养马汉子不仅能夺回失地，还能一路杀出敌国四立的战争丛林，直杀得全天下最终都姓了"秦"。

出身微贱

传说，秦人的远祖是大禹治水时的帮手伯益。帝舜很器重伯益，把自家亲族的女儿嫁给他，并赐他姓"嬴"。伯益还差一点儿成为大禹禅让的接班人。后来夏朝建立，伯益渐渐退出了政治舞台。从此，伯益的子孙后代的社会地位一路走低，渐渐就修炼出一门驾御马车的好手艺——替人赶车，并把这门手艺流传下来。在古人看来，赶车是身份低贱的仆人干的活儿。

不过，俗话说得好，三百六十行，行行出状元。到了西周穆王的时候，伯益的后代里出了一个叫造父的人，他帮助周穆王驾车平定叛乱，得到了周穆王的重赏。

后来，周穆王把赵城封给了造父。造父就以封地为姓，称自己这一支为赵氏。战国七雄的赵国，就是造父的子孙。

秦国的祖先名叫非子，是造父的亲戚，曾经也投靠造父，一度改姓赵。因此后来秦始皇嬴政，曾被古人称为赵政。秦和赵，虽然在战国时是死对头，但在五百年前竟然是一家人。

非子出身低微，靠着一手养马的好手艺，成了周王室养马的官员。除了养马，非子还要率领秦人执行守卫边境的任务。

周王室衰落，西方的戎人部落时不时就来骚扰边境，跟秦人冲突不断，结下世代血仇。不过，环境即使如此凶险，也没能阻止秦部落的茁壮成长。

周平王东迁，正式封秦襄公为诸侯。从此秦人拿着周天子并不真诚的"允诺"，正式踏上了自己的建国之路。

陈仓宝鸡

秦国原来的地盘在现在的甘肃境内。秦襄公被封为诸侯，就率领秦人向东扩张地盘，跟肆虐关中的戎人血战。秦襄公死后，儿子秦文公把都城从西方的山沟沟里搬到了现在陕西的宝鸡附近。

在秦文公十九年的时候，传说发生了一件奇怪的事。

当地的猎人在山上抓到一头怪兽，他觉得这怪兽的样子有点儿像野猪，又跟野猪不完全一样。

猎人决定把这头怪兽献给秦文公。他走到半路上，遇到一个小男孩儿和一个小女孩儿。两个小孩儿拦住猎人的去路说："这头怪兽叫作媦（wèi），平时都生活在地下，靠吃坟墓里死人的脑子为生。你们如果想要杀它，就要拿条柏木棍砸它的脑袋。"

这只叫媦的怪兽一听自己的底细被这两个小孩儿抖搂出来，突然开口说话了："这两个小孩儿不是人，他们叫陈宝，你如果抓到男孩儿，将来就能成帝王；你如果抓到女孩儿，将来就能成霸主。"

猎人一听，立刻放了媦，去抓陈宝。

两个小孩儿忽然变成了一雄一雌两只野鸡，分头飞散。猎人撵着雌野鸡一直赶到山顶。这只雌野鸡眼看无路可逃，就变成了一块大石头。

猎人去见秦文公，把怪兽的话原原本本地说了一遍。秦文公派人去看山顶的那块石头——颜色仿佛猪肝，到了晚上，竟然还会发光，并发出雷鸣般的声音，引得山间的野鸡纷纷啼叫。

秦文公就在山上给这块石头修了一座庙，把石头供奉在庙里，尊为陈宝神。据传现在宝鸡这个地名，就是从这块由野鸡变成的宝贝石头得名的。

秦国人一直恭恭敬敬地供奉这块陈宝石，到了秦文公的玄孙秦穆公的时候，秦国终于成为雄视西戎的一方霸主。

秦晋之好

成语"秦晋之好"讲的是男女结下美满婚姻,这个成语的典故就出在秦穆公的身上。然而秦国和晋国虽然是相邻的大国,但是两国的关系一点儿没有"秦晋之好"的意思。事实上,秦穆公的霸业,就是在秦国与晋国旷日持久的相爱相杀中建立的。

秦穆公娶了晋献公的女儿为妻,这是秦晋之好的第一步。在晋献公给女儿的陪嫁里,有一个七十岁的老奴隶,名叫百里奚。

百里奚原来也是贵族,后来由于国家被晋献公消灭,才沦为战俘。秦穆公很早以前就听说过百里奚的名声,很想重用他,可没想到他在陪嫁半道上逃到楚国边境,被人逮了。

秦穆公怕楚人知道百里奚的价值不肯放人,故意装作不在乎的样子去跟楚人说:"我这里有个老奴隶跑到你这边,我想用五张羊皮把他赎回来,行不行?"

楚人一想,用七十岁老奴隶换五张羊皮,挺值,就把百里奚放了。后来,秦穆公任用百里奚管理秦国的内政,使得秦国的实力蒸蒸日上。老百姓都称百里奚为"五羖(gǔ)大夫",意思是他是我们国君用五张羊皮换回来的大臣。

我们再来说晋国。晋国一直内乱频仍，晋献公的太子申生自杀，另外两个公子夷吾和重耳被迫流亡国外。晋献公刚去世，晋国的大臣们便谋划把夷吾和重耳接回来继位。

夷吾为了抢国君的位置，就去找姐夫秦穆公帮忙。他向秦穆公许诺，自己一旦当了国君，就把晋国在黄河以西的八座城割让给秦国。

秦穆公觉得这笔交易非常划算，就立刻派兵送夷吾回晋国。有了秦国的支援，夷吾顺利上位。可秦穆公没想到，夷吾坐稳了君位之后，立刻翻脸不认账，不肯兑现割地的诺言。秦穆公看在他们是亲戚的分儿上，忍了。

没过几年，晋国闹饥荒，已经是君王的夷吾向秦国求助，秦穆公找大臣商量要不要帮夷吾这个厚脸皮的"白眼狼"。

百里奚说："夷吾虽然不是什么好人，但是正在晋国遭受饥饿的百姓有什么过错呢？"

宅心仁厚的秦穆公听懂了百里奚的话，命令秦国的运粮大队日夜兼程向晋国运粮食，救了晋国的百姓。

过了两年，轮到秦国闹饥荒了，穆公向晋国求援。夷吾心里琢磨：你闹饥荒对我来说是天赐良机啊！我趁你贫弱，正好要你的命。于是，他对部下发号施令："都跟我去灭了秦国！"

晋国恩将仇报，秦国上下同仇敌忾，饿着肚子也要抗击侵略。可惜战局不利，秦穆公被包围，还受了伤。千钧一发之际，三百多个神兵从天而降，不仅救了秦穆公，还扭转了战局——秦国大军反败为胜，还活捉了夷吾。这是怎么回事呢？

原来这三百多个救兵不是秦国的正规军，而是秦国的一群乡野村夫。有一回，他们偷了秦穆公的一匹千里马，杀了吃肉。官吏追查千里马的下落，把这群乡下人一网打尽，要治罪。

秦穆公说："何必为了一匹马去杀人呢？我听说人吃了马肉不喝酒，就不容易消化，你再给这群偷马贼送些好酒去吧。"秦穆公的大度，让这三百多人感激涕零。

现在，他们听说秦国和晋国打仗，就来报恩。秦穆公没想到，竟然是这群乡下人知恩图报，救了自己的命。他再想想自己的小舅子夷吾，不禁感慨——他贵为君王竟然如此不讲道义。要不是秦穆公夫人豁出命来救兄弟夷吾的命，秦穆公就要用一把火把夷吾烧死了。

秦国总是被晋国"背后捅刀子"，让秦穆公很伤脑筋。这时候夷吾死了，继承王位的是夷吾的儿子，但无奈的是，新君也不是什么好人。

秦穆公只好打起了另一个小舅子——重耳的主意。他派人把流亡到楚国的重耳接到秦国，又让重耳娶了秦国的公主，让彼此的关系亲上加亲。他希望重耳登上君位后能对秦国有所回馈。

　　流亡十多年的重耳其实不是泛泛之辈，而是日后把晋国推向顶峰的霸主晋文公。晋国的实力更加强大了，秦国只好忍气吞声给晋国当陪衬，帮着晋国实现霸业。

　　秦穆公又憋屈了好几年，好不容易熬到晋文公重耳也死了，心想这回总该轮到秦国出头了。他不听百里奚的劝阻，在晋文公丧事期间出兵去打东方的郑国，结果偷鸡不成蚀把米——不但没有打下早有防备的郑国，还在回国途中中了晋国的埋伏，致使秦军全军覆没。

　　要说起秦穆公一生最大的优点，那就是坚韧不拔，这也是秦人的一个共同的优点。秦穆公真的可以做到屡战屡败、屡败屡战。秦与晋彻底撕破了脸，再也好不了。秦穆公调整国策，对内更加努力地励精图治，增强国力，对外积极联合在中原跟晋国争霸的楚国。

　　虽然在后来的几年中，在秦穆公的率领下，秦国还是屡次败给晋国，但一直表现出越挫越勇的态势。终于，在一次激烈的战斗中，秦国取得一场大胜。当时秦国军队在晋国境内横行无阻，而晋军却不敢出城迎战。秦穆公率兵去当年全军覆没的战场，收殓暴露荒野的秦军白骨，发丧痛哭，带着灵柩班师回国。

　　秦国终于报了一箭之仇，周天子派使节来祝贺秦国的胜利，承认秦国成为西方的霸主。

六世余烈

秦穆公死后，秦国频频内乱，国力又衰落了。转眼到了战国，秦孝公继位的时候，秦国只是一个二流国家。秦孝公为了强国，重用商鞅推行改革，秦国才重新焕发生机。到秦孝公的孙子秦昭襄王时，秦国已经是战国七雄中能够以一敌六的超级强国。

西汉的贾谊在《过秦论》里提到秦始皇"奋六世之余烈，振长策而御宇内"。秦国经历了一代代浴血奋战生存下来，终于驶入了统一天下的"历史快车道"。在战国时代，秦国只经过六代君王，千古一帝秦始皇嬴政就挑起了逐鹿天下的重任。关于战国时期的秦国故事，我们会在后面不同的人物传记里讲述，这里先一笔带过。

举鼎绝膑

释义：双手举鼎，折断胫骨；比喻能力小，无法担负重任。

《秦本纪》原文：武王有力好戏，力士任鄙、乌获、孟说皆至大官。王与孟说举鼎，绝膑。

例句：他执意要独立完成这个艰巨的任务，最后肯定会出现举鼎绝膑的惨状。

恨之入骨

释义：恨到骨头里去。形容痛恨到极点。
《秦本纪》原文：文公夫人，秦女也，为秦三囚将请曰："缪公之怨此三人入于骨髓，愿令此三人归，令我君得自快烹之。"
例句：他把事情做绝了，难怪合作伙伴会对他恨之入骨。

一日千里

释义：原形容马跑得很快，后比喻事情进展很快。
《秦本纪》原文：徐偃王作乱，造父为缪王御，长驱归周，一日千里以救乱。
例句：快递公司简直太给力了，包裹交给他们，简直一日千里。

戎王使由余于秦①。由余，其先②晋人也，亡③入戎，能晋言。闻缪公贤，故使由余观秦④。秦缪公示⑤以宫室、积聚。由余曰："使鬼为之，则劳神矣。使人为之，亦苦民矣。"缪公怪之，问曰："中国以《诗》《书》《礼》《乐》、法度为政，然尚时

乱⑥；今戎夷无此，何以为治，不亦难乎！"由余笑曰："此乃中国所以乱也。夫自⑦上圣黄帝作为礼乐法度，身以先之，仅以小治。及其后世，日以骄淫。阻⑧法度之威，以责督⑨于下，下罢极⑩则以仁义怨望于上，上下交争怨而相篡弑，至于灭宗，皆以此类也。夫戎夷不然。上含淳德以遇其下，下怀忠信以事其上，一国之政犹一身之治，不知所以治，此真圣人之治也。"

注释：

①戎王使由余于秦：西戎部族的王派使臣由余出使秦国。

②先：祖先。

③亡：逃跑。

④观秦：探测秦国的实际情况。

⑤示：炫耀。

⑥时乱：时而出现战乱、动荡。

⑦自：即使，纵然。

⑧阻：倚仗，凭借。

⑨责督：督促，要求。

⑩罢极：十分疲惫。"罢"通"疲"。

秦国统一中国的先决条件

秦国统一中国并不是一个偶然事件，而是经历了很曲折的过程。那么，秦国之所以能够成为统一中国的诸侯国，具备哪些先决条件呢？

首先，秦族生性好斗，永不言败。在前面的故事中，我们了解到，晋秦争霸持续了很多年，两国之间发生的对抗有崤之战、彭衙之战、王官之战、新城之战、河曲之战、辅氏之战、麻隧之战、栎之役、迁延之役等一系列重要战役。其实在麻隧之战后，秦国的国力就开始出现衰退之势，晋国却越来越强大，依次解除了西侧秦国、东侧齐国、北部狄人部落的威胁，后来又在鄢陵之战中大败楚国，形成了晋国长期独霸中原的局面。然而，秦国人并没有善罢甘休，而是励精图治，等待一个绝地反击的好机会。终于，秦王嬴政即位之后扫清了障碍，完成了统一大业。

其次，秦国位于富饶的中原西部，地理位置绝佳，进可攻、退可守。公元前687年，秦武公灭小虢后，秦国控制了整个关中的渭水流域。在古代战争中，关中算得上是一处天然堡垒，地理位置得天独厚。渭水平原非常肥沃、富饶，自然条件很好。秦占据了这一片土地后，逐渐强盛起来。秦穆公时灭西戎，秦国控制了西部更为广阔的地区。秦孝公任用商鞅，大力变法，促使秦国的综合国力进一步增强。秦惠王时，强大起来的秦国不断扩张疆域，占领了蜀地。蜀地从此成为秦国的大粮仓。在古代战争中，兵家非常讲究"兵马未动，粮草先行"，可见粮食的多少对一场战争的胜负起到关键作用。所以，秦以西部为圆心，逐步扩张，占领关中、蜀地等要地，这是它能够迅速崛起的先决条件之一。

再次，巧妙利用合纵连横。合纵连横是我国战国时期诸侯之间特有的一种联盟方式。由于各国之间的利益难以统一，矛盾错综复杂，时常出现"朝秦暮楚"摇摆不定的状况。秦国在处理这种复杂的关系中表现得游刃有余，灵活机动地调整策略，趋利避害，保存了战斗实力。

最后，秦国顺应了历史发展趋势。经过多年的积累，秦国拥有坚实的经济基础、丰厚的文化底蕴，成为诸侯国中最有实力的国家。而此时，诸侯国之间的长期征战已经让百姓苦不堪言，他们希望过上没有战争的太平日子。所以，统一六国是大势所趋。而秦国不仅做好了统一六国的物质准备，也做出了顺应历史潮流的举动——东征西战、南北齐进，武力统一六国。

07 篇

《 秦始皇本纪 》

是伟人也是暴君

秦始皇究竟是一个什么样的人呢？

讲中国古代历史，谁都绕不开秦始皇。长久以来，史学家围绕秦始皇产生了无数的争议，有的夸他有雄才伟略，有的骂他残暴恶毒，针锋相对的观点常常让这个历史人物处于"冰火两重天"的境地。

但无论是哪一种观点，《史记》中的《秦始皇本纪》都是今天人们了解秦始皇最重要的史料。

现在，我们就通过解读《秦始皇本纪》来看看司马迁是怎样把秦始皇这个历史"大 IP"呈现给后人的。

逆天破局

秦国的王族公子子楚被送到赵国都城邯郸去做人质。在邯郸，公子子楚和大商人吕不韦家的一名歌女赵姬生下了一个男孩儿，取名赵政。这男孩儿就是后来的秦始皇嬴政。嬴政刚一落生，马上就进入一种"打怪升级"的模式。在他走向权力顶峰的道路上，时时有险，处处有坑。

嬴政两岁时，秦国来攻打赵国，赵国要杀人质子楚。吕不韦赶紧保护子楚溜回了秦国，把赵姬和小嬴政抛弃在邯郸城。这母子俩在赵国东躲西藏，费了很大力气才保住了性命。

直到嬴政八岁的时候，子楚成了秦国的太子，才把这母子俩接回了秦国。

又过了五年，已经成为秦王的子楚去世，十三岁的嬴政作为已故秦王的长子继承了王位。你可别以为嬴政当上了秦王就是人生赢家，他要想坐稳这个大王的宝座，起码还得连闯三关。

他要闯的第一关来自自己同父异母的弟弟——长安君成蟜（jiǎo）。自古以来，帝王之家的兄弟争位是家常便饭。不过，成蟜这个弟弟对嬴政的威胁却格外不容小觑：一来是成蟜太优秀，十几岁时出使韩国，不费一兵一卒就收割了百里之地；二来成蟜是秦王子楚逃回秦国以后生的儿子，而秦国一直认为出生在赵国的嬴政身世可疑，不如成蟜血统纯正，甚至有人说嬴政的亲生父亲其实是相国吕不韦！

嬴政要闯的第二关在吕不韦这个"绯闻老爸"那里。吕不韦是一手把子楚推上王位的"造王者"。子楚死后，吕不韦在秦国的地位更是如日中天，他不仅当了朝廷里最大的官——相国，还得到了新进秦王嬴政对他的尊称——"仲父"。

吕不韦独揽大权，根本不让嬴政主持朝廷里的事。嬴政年纪还小的时候，当然不计较这些，但等到他长大成熟的时候，能不忌讳吕不韦的所作所为吗？到那时，吕不韦能否乖乖地把权力交出来呢？

而最麻烦的是第三关。嬴政登基，他的母亲成了赵太后。赵太后年纪轻轻，宠幸一个叫嫪（lào）毐（ǎi）的人，还偷偷地生了两个孩子。嫪毐是个心术不正的人，仗着太后的势力封侯拜爵，平时连吕不韦都不放在眼里。嫪毐的野心也很大，妄图谋反，杀掉嬴政……

这三道关简直构成了一个人生的死局，可嬴政就是有逆天破局的本领。二十岁以后，从前一直在隐忍筹谋的嬴政逐渐使出了连环杀招：秦王政八年，成蟜率兵谋反，兵败身亡；九年，嫪毐谋反失败，党羽五千多人被诛杀，赵太后被幽禁；十年，相国吕不韦被罢官，罪名是与嫪毐谋反案勾连，后吕不韦服毒自杀。闯过这三关之后，嬴政终于将秦国控制在自己的股掌之内。

一统天下

战国时代就像一场漫长的足球比赛，秦国统一天下只是时间问题，只是欠缺临门一脚的绝妙机会。经过几代经营，嬴政终于成为终结这场"比赛"的最佳射手。

秦王嬴政总揽大权，朝中人才济济，文有李斯、尉缭运筹帷幄，武有王翦、桓齮（yǐ）攻城略地。

秦王政十七年，韩王安被俘称臣；十九年，灭赵，嬴政亲赴故乡邯郸，把小时候的仇家全部坑杀；二十一年，为报一年前燕国太子丹派遣荆轲刺杀之仇，秦王派王翦攻破燕国都城，斩太子丹之首，燕王逃窜辽东；二十二年，秦将王贲引黄河水倒灌魏国都城大梁，大梁城破，魏灭；二十四年，经过数年的拉锯战，老将王翦终于打败楚国名将、项羽的祖父项燕，扑灭了楚国最后的反抗火焰；二十五年，平定辽东，逃亡的燕王被俘；二十六年，王贲灭齐。

十年弹指一挥间，韩、赵、燕、魏、楚、齐六国灰飞烟灭，天下归于一统。嬴政觉得自己的功绩千古无双，"王"这个称呼已经配不上自己。于是，他取古代"三皇

名师带你读史记

五帝"的名号，自称"始皇帝"，从此，二世、三世，直到将秦朝的江山传至万世。

千秋秦制

秦始皇不仅是一个扫平分裂的历史终结者，更是一个开创者和缔造者，他创立的一些理念可以说直到今天还在发挥着作用。我们来看几件影响最深远的事情。

秦始皇废除分封，设立郡县，建立中央集权。

虽然上古也说"普天之下，莫非王土"，但实际上，天下的诸侯都是独霸一方的土皇帝，天子一般做不了诸侯家的主。而诸侯家里有封地的贵族大夫，相当于一个个小独立王国的国王，诸侯也不能插手大夫的家事，这就是分封制。

在天子力量强大的时候，分封制是有好处的。这时的诸侯们都服从指挥，可以帮助天子守卫四方；但是天子家一旦衰败，诸侯们就开始互相争斗。春秋战国的乱世祸根就是分封制。

秦始皇在全国推行的郡县制，就是废除诸侯国，把全国分成三十六个郡，郡下面再设县，郡县的长官都由皇帝直接任命，也可以随时撤换，不像诸侯大夫那样代代相传。

郡县制能保证官员们都服从皇帝的命令，形成中央集权。从秦始皇开始，中国两千年的封建王朝，几乎都是以中央集权的模式建立的。

古代没有电话，要让皇帝的命令传达到帝国的每一个郡县，只能靠人来传信。俗话说，山高皇帝远，县官不如现管。如果交通不行，那么皇帝用中央集权管理国家就是纸上谈兵了。

秦始皇为了实现中央集权管理，下令在全国修建驰道，就是中国古代的高速公路。 这些驰道都要按照统一的标准来修，对道路的宽度都有规定。

秦始皇甚至还下令，统一车辄辘的宽度，以免马车太宽或太窄无法在驰道上通行。驰道在全国范围内推广开来，官府的使者们就可以快速、通畅地在首都和郡县之间传递各种信息。如此一来，无论山有多高，路有多远，皇帝的命令都能抵达全国。

秦始皇建好联系全国的交通网之后，下令统一度量衡和货币。 度，就是尺寸的长度；量，就是容器的大小；衡，就是砝码的重量。

战国时，每个国家规定的度量衡都不一样，所以各地用的砝码重量不同，比如秦国人如果把一斤粮食卖到国外去，可能在这个国家就不足一斤，而在另一个国家又超过了一斤。商人做买卖整天换算度量衡，非常麻烦。

另外，战国的几个国家用的货币也不一样，燕国、齐国的货币是刀币，形状像把小刀；韩国、赵国和魏国用的是布币，形状像把铲子；楚国用黄金交易；秦国的货币就是我们最熟悉的有个小方孔的圆形铜钱。老百姓换算这些货币，比换算度量衡更伤脑筋。

现在四海一家，秦始皇颁布了全国统一的度量衡标准，规定大家都要用统一的半两钱，从此以后老百姓通商交易、交纳赋税就容易多了。

秦始皇统一度量衡和钱币是为经济发展做贡献，而统一文字，就是为文化发展做出了了不起的贡献。战国时，各国文字虽然都是汉字，但写法差别很大。秦始皇废除六国文字，命令全天下都以秦国文字为标准。如果没有这一政策的话，今天汉字的写法说不定就是另外一种样子了。

汉字统一以后，文字就成了一种无形的文化纽带，无论中国人的口音在各地如何不同，大家读的书都一样，接受的传统文化价值也都一样。几千年来，我们中国人能始终团结一心，统一汉字功不可没。

秦朝暴政

秦朝在历史上的名声并不好，常常被称为"暴秦"，秦始皇也总被骂成暴君。他究竟做了哪些不得人心的事情呢？我们从《史记》里可以找出这么几件来：

第一，秦始皇大兴土木，修阿房宫、长城、驰道，在骊山修自己的陵墓。在古代，干这些辛苦活儿的都是普通老百姓。而且老百姓给皇帝、国家修建土木工程都是义务劳动，算服劳役。秦始皇的这些工程都是世界级的大项目，而且都集中在他统治全天下的十年内完成，任务重时间紧，老百姓当然受不了。

第二，秦朝的法律过于严苛，没有人情味。 秦国本来是靠商鞅变法，推行法家严刑峻法的政策。百姓如果要百分之百遵从国家的命令，就要像机器人执行程序指令一样，无论国家指向哪里，都要毫无顾忌地扑上去。这就是秦国强大的秘密。

但是，皇帝如果想利用这种严苛的制度取得理想的管理效果就需要适度的奖励，一味地压制普通人的想法、挑战普通人的承受力肯定是行不通的。

很显然，秦始皇不懂这个道理。他统一天下后，用繁重的劳役把老百姓压得喘不过气来。由于连年不断大兴土木，国库日渐空虚，朝廷不能像从前奖励战功一样时常为百姓发福利。在这样的情况下，秦朝严苛的法律好似拴在百姓脖子上的锁链，越勒越紧。陈胜和吴广起义造反，就是因为耽误了去服役的日子，怕被法律处死，才铤而走险的。

第三，秦始皇破坏文化，搞愚民政策。 你可能听说过"焚书坑儒"，但是我要为秦始皇说句公道话——他"焚书"不假，"坑儒"却是被人栽赃。

"焚书"这事发生在秦始皇三十四年的时候。有人在朝廷上提议恢复分封制，这可是公然顶撞秦始皇。

丞相李斯借题发挥，说这是有人以古非今来蛊惑人心，这种危害帝国安全的想法一定得被扼杀在摇篮里。李斯建议，为了杜绝鼓吹分封制，朝廷最好把其他诸侯国的历史书以及流传在民间的诸子百家的书全部烧掉。如果老百姓敢在私底下讨论这些学问，格杀勿论。

"焚书"这种做法，就是想让老百姓彻底忘记历史，只知道遵纪守法，变成一个个彻头彻尾的工具人。秦始皇赞同了李斯，点燃了这把烧书的火，不知毁灭了多少珍贵的古代知识，也得罪了历朝历代的读书人。从此，没人说他好了，大家都往他头上扣"坑儒"的屎盆子。

"坑儒"其实跟"焚书"没关系，并不是杀儒家的读书人：

秦始皇活了五十一岁，越到晚年，越迷信长生不老。他找了很多方士给他炼仙丹，还派了一个方士徐福去海外求不死药。

长生不死根本就不靠谱，秦始皇花费了无数金钱，却没有得到一点儿效果。方士们想方设法糊弄秦始皇，私底下都在嘲笑他："暴君贪图权势，不可能炼成什么仙药的。"他们说完就都溜之大吉了。

方士们的做法把秦始皇气坏了，大骂道："你们这些方士竟敢把我这始皇帝当猴耍！"他一气之下，抓了四百六十多个炼仙丹的方士，全给活埋了。

虽然被方士们骗了，秦始皇却还是痴心不改，他巡游天下，一边视察自己打造的新帝国，一边希望能遇到神仙。然而，不靠谱的希望终究是要落空的，秦始皇三十七年，秦始皇驾崩在巡视途中。此后不到三年，强大的秦帝国土崩瓦解，万世基业在农民起义的战火里化为乌有。

刚愎自用

释义：指十分固执，盲目自信，不考虑别人的意见。
《秦始皇本纪》原文：侯生、卢生相与谋曰："始皇为人，天性刚愎自用，起诸侯，并天下，意得欲从，以为自古莫及己。"
例句：他如此刚愎自用，难怪一事无成。

大赦天下

释义：指不再追究以前犯的种种错误，给予新机会重新开始。

《秦始皇本纪》原文：二世乃大赦天下，使章邯将，击破周章军而走，遂杀章曹阳。

例句：他很幸运，赶上了大赦天下。

指鹿为马

释义：原义是指着鹿说是马，比喻故意颠倒黑白，混淆是非。

《秦始皇本纪》原文：八月己亥，赵高欲为乱，恐群臣不听，乃先设验。持鹿献于二世，曰："马也。"二世笑曰："丞相误邪？谓鹿为马。"问左右，左右或默，或言马以阿顺赵高，或言鹿。高因阴中诸言鹿者以法，后群臣皆畏高。

例句：他总是这样指鹿为马，没人愿意与他合作。

奋臂大呼

释义：指用力地挥舞手臂，振奋激昂地高声呼喊。

《秦始皇本纪》原文：然陈涉以戍卒散乱之众数百，奋臂大呼……

例句：他的人缘特别好，只要奋臂大呼，就会有人来帮忙。

原典再现

　　三十五年，除①道，道九原抵云阳，堑②山堙③谷，直通之④。于是始皇以为咸阳人多，先王之宫廷小："吾闻周文王都丰⑤，武王都镐⑥，丰镐之间，帝王之都也。"乃营作朝宫⑦渭南上林苑中。先作前殿阿房，东西五百步，南北五十丈，上可以坐万人，下可以建五丈旗。周驰为阁道⑧，自殿下直抵南山⑨。表南山之颠以为阙⑩。为复道，自阿房渡渭，属之咸阳，以象天极阁道绝汉抵营室也。

注释：
①除：开辟。
②堑：挖凿，此处即指开山。
③堙：填埋。
④直通之：直接通向目的地，此即秦始皇下令统一建造的"直道"。
⑤丰：地名，文王时代的周国都城。
⑥镐：地名，武王及整个西周时代的都城。
⑦朝宫：接受朝见之宫。
⑧周驰为阁道：宫殿的四周，都有阁道。这些阁道与周边其他建筑相连。
⑨南山：终南山。
⑩表南山之颠以为阙：让终南山的山头给朝宫做宫前的两扇台观。

秦始皇留下的四大遗产

秦始皇在位期间，花费大量人力物力修建土木工程。在这些土木工程中，有四项工程经历漫长历史走到现代，成为能够流传千秋万代的重要遗产。

第一项伟大遗产是郑国渠。秦王政元年，韩国为拖住秦国进攻的步伐，派水工郑国在秦国主持修建郑国渠。郑国渠西引泾水东注洛水，长达三百余里，修建了大约十年，耗费巨大，让秦国数年无法对外用兵。但是，郑国渠是最早在关中平原建设的大型水利工程，建造完成后，帮助秦国拥有了更多的肥沃良田，收获了更多的粮食。充足的粮食储备为秦灭掉六国，统一天下提供了强大助力。2016年，郑国渠申遗成功，成为世界灌溉工程遗产。

第二项伟大遗产是万里长城。秦始皇不是最早修筑长城的君主，西周时期就有君主开始修筑长城抵御北方少数民族。春秋战国时期，列国纷纷修筑长城，但高度、长度都不一样。秦始皇统一天下后，首先做的是连接和修缮战国长城，为此耗费了大量的人力物力。秦始皇以后，历朝历代的统治者几乎都要修筑长城。修建长城自西周时期开始，延续了两千多年。历代修筑长城总长度达两万多千米。1987年，长城被列为世界文化遗产。

第三项伟大遗产是灵渠。秦统一中国后，秦始皇为了统一岭南，开凿了灵渠。灵渠沟通了湘江、漓江，打通了南北水上通道，为秦始皇向岭南战场输送粮草提供了巨大的便利。秦始皇三十三年，灵渠竣工，秦始皇当年就将岭南正式纳入大秦王朝的版图。自秦以来，灵渠作为联结长江和珠江两大水系的重要水道，大大增进了南北交流。经历代修整，灵渠直到今天依然发挥着重要作用。2018年，灵渠申遗成功，入选世界灌溉工程遗产名录。

第四项伟大遗产是秦始皇陵。秦始皇陵建于秦王政元年，直到秦二世二年才竣工，历时三十九年。秦始皇陵是由丞相李斯设计监造的，有内外两重夯土城垣，象征着帝都咸阳的皇城和宫城。陵冢位于内城南部，呈覆斗形。据《秦始皇本纪》记载，秦始皇陵中建有各式宫殿，陈列着许多奇异珍宝。让人称奇的是，秦始皇陵四周分布着大量形制不同、内涵丰富的陪葬坑和墓葬坑，目前考古学家已探明的有四百多个，其中就包括大名鼎鼎的兵马俑坑。1987年，秦始皇陵入选世界遗产名录。

08 篇

【 项羽本纪 】（上）

力拔山兮气盖世

西楚霸王项羽只活了三十岁，他人生的高光时刻也只有短短五年。项羽虽然是推翻秦朝的乱世英雄，却成了陷入十面埋伏，在乌江自刎的悲剧人物。项羽是怎样把一手纵横天下的好牌打得七零八落的呢？

学万人敌

项羽是楚国名将项燕的孙子。项燕抵抗秦朝大军，战斗到楚国灭亡前的最后一刻。所以，项羽的家族在楚国遗民当中享有非常崇高的威望。项羽是名副其实的名将之后。

项梁是项羽的叔叔，教项羽读书认字，项羽却学了个"全班倒数"；项梁又教项羽剑术，项羽对剑术也提不起兴趣。项羽学文不成，学武不能，把项梁气坏了。项梁说："你哪里像老项家的子孙啊！"

项羽却有自己的道理："我读书识字，只要能认自己的姓名就够了；我练习剑术，一次最多只能跟一个人打。我要学就学以一敌万的本领。"这话听起来还挺有志气的。

于是，项梁把祖传的兵法教给这个大侄子。但是，项梁没想到项羽只是口气大，只学了一点儿就半途而废了。

有一回，秦始皇乘船东巡，老百姓们都到江边看热闹。项羽在人群里看到秦始皇隆重的仪仗，不服气地说："那老家伙，我能取而代之！"

叔叔项梁被他这句话吓出一身冷汗，赶紧捂住他的嘴，呵斥道："你少瞎说，不怕被满门抄斩啊！"但骂归骂，项梁心里却暗自感叹：这个娃的口气真是大到我都不敢想的地步了！

项梁起兵

始皇帝驾崩，秦二世胡亥元年，陈胜、吴广在大泽乡起义，震动天下。项梁在今天的苏州也拉起一支队伍，渡江北上逐鹿中原。

不久秦朝大将章邯打败了陈胜，反秦的起义军一下子群龙无首。

项梁的军师范增建议说："在秦始皇兼并六国的过程中，楚国亡得最冤枉。楚国人之间一直流传着'楚虽三户，亡秦必楚'这句话。当年楚怀王被秦国欺骗、绑架，楚国人现在都在为他惋惜。将军是名将之后，如果找回楚怀王后裔立他为王，就能得到楚国百姓的真诚拥护。"

项梁听了范增的建议，在民间找到了楚怀王的孙子。这位楚怀王后裔叫熊心，被找到的时候正给人放羊呢。他莫名其妙地就被项梁立为新的楚怀王。

项梁举起复兴楚国的大旗，在他的队伍中有足智多谋的范增出谋划策，有力大无穷的项羽冲锋陷阵。很快，楚军就成为反秦诸侯的领袖，吸引各路人马来投奔。

实力大增的项梁几次打败前来镇压的秦朝大军。在丰硕的胜利果实面前，项梁开始有点儿飘飘然了，结果一时风光无两的项家军运势急转直下，很快陷入了大祸临头的窘境。

少年上将军

项家军的面前横着一把利剑——秦将章邯正调集秦朝所有的军队一路杀来；项家军的背后也顶着一把匕首——

被项梁完全架空，心有不甘的楚怀王熊心。

项梁是复兴楚国的最大功臣，手握楚国的军权。可是，天下有几位大王是心甘情愿当摆设的呢？

这时候，有个叫宋义的楚国大臣就预言项梁骄兵必败，还把这话告诉了齐国来楚的使者。齐国使者走在半道上，果然收到了项梁迎击章邯战败而死的消息。齐国使者见到楚怀王以后，就把宋义未卜先知的本领吹捧了一番。楚怀王二话不说，夺了项家军的军权，全权委任宋义来当统帅。

项梁虽然死了，但是项羽还活着呢。项羽心想：楚怀王这不是明摆着卸磨杀驴吗？

宋义接过了项家的军权后，做的第一件事就是把自己的儿子送去齐国当宰相。司马迁虽然没有在《史记》里明说，但这段故事里的微妙之处却昭然若揭。

宋义执掌军权之后，楚国的盟友赵国遭到秦军大举进攻，危在旦夕。宋义虽然接到了楚怀王派他去救援的命令，但是心里只想坐山观虎斗。所以，他率兵到了黄河边，在离赵国都城近在咫尺的地方一连驻扎了四十六天。当时天下大雨，士兵们又冷又饿，可宋义却忙着给去齐国做宰相的儿子办送行宴会呢。

项羽看不下去了，向宋义抗议。但是，宋义当时大权在握，根本不把这位项家军的前少主放在眼里，还阴阳怪气地吩咐手下："张牙舞爪像老虎，斗狠好胜像公羊，贪得无厌像豺狼，以后再有这种顶撞我的人，你们立刻把他给我推出去斩了。"

宋义不知道自己得罪了项家军里最不能得罪的人。第二天一早，项羽就提着他血淋淋的人头向三军证明自己才是这支军队真正的主人。

随后，楚军陆续渡过黄河，去跟围困赵国的章邯决一死战。项羽命令士兵们烧掉帐篷，砸了锅盆，只带三天的粮食，轻装上阵。过河之后，他命令士兵们凿沉渡船，自断后路，用这种破釜沉舟的气概来鼓舞士气。

巨鹿城外，楚军人人以一当十，如猛虎扑食一般杀向秦军，战场上喊杀声震天。十余支来支援赵国的诸侯军队都被这激烈的战况吓破了胆，紧闭营门，扒着栅栏偷偷作壁上观。

项羽凭一己之力力挽狂澜，把章邯率领的秦国强军打了个落花流水。

楚军大获全胜，诸侯们来向项羽祝贺胜利，都跪在地上用膝盖行走，没有人敢抬起头来直视项羽。大家尊项羽为诸侯上将军，听他的指挥。

这一年，项羽二十四岁，凭借巨鹿之战敲响了秦国的丧钟。

名师带你读史记

鸿门宴

上将军项羽率领四十万诸侯联军，浩浩荡荡向秦国都城关中咸阳杀去。他们到了关中的大门——函谷关下，发现关门紧闭。消息传来，秦二世已死，继位的秦王子婴向沛公投降了。这沛公是什么人呢？

沛公刘邦，是一位比项羽年长二十四岁的中年人，原来也是项梁手下的一名将领。项羽北上去跟秦军主力决战的时候，刘邦正一路向西，趁秦朝大本营空虚，杀进了关中。

据说楚怀王曾经跟手下的将领们约定：谁先打进关中，就把关中给谁。刘邦占了先机，进入关中后马上关闭了函谷关，生怕别人来跟自己抢这块"肥肉"。

项羽的暴脾气怎能容忍推翻秦朝的胜利果实落入他人之手？所以，他率领四十万大军不费吹灰之力攻下了函谷关。项羽在鸿门这个地方安营扎寨，准备第二天一早就去消灭敢跟自己抢功劳的刘邦。

项羽的小叔叔项伯曾经被刘邦的军师张良救过，他不忍心张良跟着刘邦玉石俱焚，连夜去通风报信，劝张良快逃命。

张良一见到项伯，立刻在绝望中看到了生机。他帮着刘邦拉拢项伯，让项伯跟刘邦结成了儿女亲家。他低声下气地求项伯在项羽面前多多美言，说明刘邦是绝无二心的。

项伯被成功地拉拢了，连夜回营，替刘邦向项羽解释。经过项伯的一番劝说，项羽的内心也动摇了——这里面好像有点儿误会。

项伯说："等天亮了，沛公会亲自来拜见请罪。"一听这话，项羽心里对刘邦的气又消了一半。

项羽的军师范增却看出刘邦憨厚诚恳的外表下，是一颗冷冰冰的野心。

第二天一早，刘邦带着张良、连襟樊哙（kuài）和几个亲信来到鸿门请罪。项羽摆下宴席招待刘邦，刘邦也非常识趣，挑了酒席中地位最低的位置坐下，战战兢兢地等待命运的宣判。

席间，范增不停地给项羽使眼色，暗示机不可失，直接杀了刘邦。但项羽却认为刘邦已经向自己臣服了，不值得再大开杀戒。

范增只好去外面找项羽的堂弟项庄，让他在酒席间表演舞剑，找机会刺死刘邦。

项伯眼看刘邦随时有丧命的危险，也坐不住了，跟项庄斗起剑来。项伯用自己的身体挡在刘邦的前面，项庄往左刺，他就往左挡，项庄从右攻，他就往右挡，总之就是不让项庄有机会下手。

眼看这鸿门宴上的舞剑都斗出火星了，体壮如牛的樊哙手执盾牌、短剑撞开大帐外的守卫，冲了进来，把在场的人都吓了一跳。樊哙一见大帐之中剑拔弩张，气坏了，一头乱发根根向上竖着，瞪圆的大眼珠子像是要把眼眶都撑裂似的。

樊哙的这种猛士气概让项羽惺惺相惜，他马上命人上酒上肉。

樊哙一杯热酒下肚，无所顾忌地帮刘邦说瞎话："沛公进了关中，不敢住在咸阳宫殿里，封存了秦朝的国库，就等着大王来。沛公怕有土匪来烧杀抢掠才关了函谷关。沛公劳苦功高啊！大王不能乱杀功臣，否则跟黑白不分的秦二世有什么分别！"

其实樊哙不用说这番话，项羽也不打算杀刘邦。聪明的张良看准了时机，就偷偷让刘邦借着上厕所的机会赶紧跑了，以防范增再出杀招。

张良一个人留下，估摸着刘邦他们应该逃出老远了，才正式向项羽告辞。刀光剑影的鸿门宴终于有惊无险地落下了帷幕。

范增知道刘邦跑了，气得直跺脚，指着项羽的鼻子骂："真是个不懂事的浑小子，将来夺你项羽天下的人一定是这个刘邦。"

项羽并没把范增的话放在心上——他现在是宰割天下

的上将军，一个缩头缩脑的刘邦，哪有跟自己争天下的能耐？项羽在酒席上还大大方方地告诉刘邦，他的部队里有奸细向自己通风报信呢，甚至直接说出了奸细的名字。

刘邦跟"钝感力"十足的项羽形成了鲜明对比。在鸿门宴上，刘邦虽然装得像一只垂头丧气的瘟鸡，但他一回营地就毫不手软地杀了出卖自己的奸细。

范增说得一点儿没错，项羽虽然勇冠三军，但胸无城府，根本不是刘邦的对手。老奸巨猾的刘邦逃过了一劫，鸿门宴成了项羽命运的分水岭。

成语撷英

先发制人

释义：发，发动；制，控制。原指在战争中的双方，先采取行动的一方往往处于主动地位，可以制伏被动的另一方。后来泛指先下手采取行动。

《项羽本纪》**原文**：吾闻先即制人，后则为人所制。

例句：我们只有先发制人，才能取得这场竞赛的胜利。

（成败）在此一举

释义：指事情的成败就决定于这一次的行动。

《项羽本纪》原文： 且国兵新破，王坐不安席，埽境内而专属于将军，国家安危，在此一举。

例句： 我们最后一局必须全力以赴，成败在此一举。

破釜沉舟

释义： 釜，古时用来煮饭的大锅。把锅都打破，把船都弄沉。比喻不留退路，下定决心一拼到底。

《项羽本纪》原文： 项羽乃悉引兵渡河，皆沈船，破釜甑（zèng），烧庐舍，持三日粮，以示士卒必死，无一还心。

例句： 我们只要有破釜沉舟的决心，就能走出困境，绝处逢生。

作壁上观

释义： 原指双方交战，自己站在壁垒上旁观。后多指在一旁观望，不提供帮助。

《项羽本纪》原文： 及楚击秦，诸将皆从壁上观。楚战士无不一以当十，楚兵呼声动天，诸侯军无不人人惴恐。

例句： 第二组遇到了这样的困难，我们作为同班同学当然不能作壁上观，一定要想办法帮助他们。

项庄舞剑，意在沛公

释义： 项庄，项羽手下的武将。沛公，刘邦。现代人用这个成语表示一个人说话和行动的真实意图别有所指。

《项羽本纪》原文：良曰："甚急。今者项庄拔剑舞，其意常在沛公也。"

例句：他天天来送礼探望，其实是项庄舞剑，意在沛公，别有企图。

发指眦裂

释义：指，竖起；眦，眼眶。头发上竖，眼眶欲裂。形容极度愤怒的样子。

《项羽本纪》原文：披帷西向立，瞋目视项王，头发上指，目眦尽裂。

例句：他一听这个坏消息，顿时发指眦裂，把大家吓坏了。

彘肩斗酒

释义：形容英雄豪壮的气概。

《项羽本纪》原文：项王曰："壮士！赐之卮酒。"则与斗卮酒。哙拜谢，起，立而饮之。项王曰："赐之彘肩。"则与一生彘肩。

例句：谁都知道他是一位彘肩斗酒的英雄，令人敬佩。

劳苦功高

释义：形容做事辛苦而功劳很大；多用以慰问和赞

赏别人。

《项羽本纪》原文："劳苦而功高如此，未有封侯之赏，而听细说，欲诛有功之人。"

例句：他把毕生精力都用来建设家乡，可谓劳苦功高。

人为刀俎，我为鱼肉

释义：指生杀大权掌握在别人手里，自己处在被宰割的被动地位。

《项羽本纪》原文：樊哙曰："大行不顾细谨，大礼不辞小让。如今人方为刀俎，我为鱼肉，何辞为？"

例句：我们万万不能落到人为刀俎，我为鱼肉的被动境地。

项羽已杀卿子冠军，威震楚国，名闻诸侯。乃遣当阳君、蒲将军将卒二万渡河①，救巨鹿。战少利②，陈馀复请兵。项羽乃悉引兵渡河，皆沈船，破釜甑③，烧庐舍，持三日粮，以示士卒必死，无一还心。于是至则围王离，与秦军遇，九战，绝其甬道，大破之，杀苏角，虏王离。涉间不降楚，自烧杀。当是时，楚兵冠诸侯。诸侯军救巨鹿下者十余壁④，莫

敢纵兵。及楚击秦，诸将皆从壁上观。楚战士无不一以当十，楚兵呼声动天，诸侯军无不人人惴恐⑤。于是已破秦军，项羽召见诸侯将，入辕门，无不膝行而前，莫敢仰视。项羽由是始为诸侯上将军，诸侯皆属焉。

释义：
①渡河：渡过黄河。
②少利：有几场胜利。
③釜：锅。甑：蒸饭用的瓦罐之类炊具。
④壁：营垒。
⑤惴恐：震惊，恐惧。

巨鹿之战的历史意义

巨鹿位于现在邢台市平乡县地区。巨鹿之战是中国历史上著名的以少胜多的战役之一。在这场具有决战意义的抗秦战役中，项羽率领数万楚军及各诸侯义军对抗秦名将章邯、王离所率四十万秦军主力，取得了完胜。

民国学者蔡东藩认为巨鹿之战是秦朝历史上第

一大决战，他评价说："项羽之救巨鹿，为秦史上第一大战，秦楚兴亡之关键，实本于此。盖章邯为秦之骁将，邯不败，即秦不亡。且山东各国，无敢敌邯，独羽以破釜沉舟之决心，与拔山扛鼎之大力，一往直前，九战皆胜，虏王离，杀苏角，焚涉间，卒使能征善战之章邯，一蹶不振，何其勇也！然使秦无赵高之奸佞，二世之昏愚，则邯犹不至降楚，或尚能反攻为守，亦未可知。天意已嫉秦久矣，故特使赵高以乱其中，复生项羽以挠其外，章邯一去而秦无人，安得不亡！谁谓冥冥中无主宰乎？"

现代学者认为，巨鹿之战是秦末农民战争所取得的一场巨大胜利。它摧毁了秦军的主力，奠定了反秦斗争胜利的基础。经此一战，秦朝已名存实亡。

在这场战役中，项羽破釜沉舟，在各诸侯军观望不动时，率领楚军猛攻秦军，带动诸侯联军歼灭秦军主力，扭转了整个战局，奠定了他在各路义军中的领导地位。

09篇

《项羽本纪》（下）

时不利兮骓不逝

鸿门宴是项羽人生的分水岭，这不光是因为他放跑了一生的劲敌刘邦，还因为从此以后，这位立下不世功劳的大英雄就开始在需要做出重大决策时频出昏招，以至于把已经到手的天下给整没了。

沐猴而冠

项羽曾经夸下海口要取代秦始皇的地位。刘邦在鸿门宴上不得不低头称臣，项羽以征服者的雄姿踏进了秦朝都城咸阳。这个二十来岁的天下霸主虽然有秦始皇君临天下、气吞山河的霸气，却缺乏秦始皇冷静缜密的思维逻辑。甚至可以说，项羽在傲视天下的这一刻就已经为自己埋下了失败的种子。

项羽走向失败的第一大昏招：他放弃了进可攻退可守的战略要地关中。

关中是秦国的发祥地，沃土千里，当时号称"天府之国"。刘邦进关中的时候，就像孙悟空进了蟠桃园——高兴坏了。

项羽是怎么做的呢？他先是放了一把大火连烧了三个月，毁了阿房宫，又在咸阳烧杀抢掠，把已经投降的秦王子婴和一批贵族平民都杀了。

有人劝项羽："关中是成就天下霸主的基业，适合定都。"

但是，在项羽的眼里，关中已经是一片焦土，榨不出什么油水了。他打定主意说："人富贵了不回老家去显摆一把，就像在黑灯瞎火的大半夜穿着锦缎做的新衣服上街，谁也看不见！"

听了这番没有格局和眼界的话，有人就在背地里诟病项羽："猕猴戴上帽子，也不像个人样。这话用来说项羽这种人简直是再恰当不过了。"

项羽听了这话，顿时气炸了，竟然烧了一大锅开水，把说他坏话的人扔进锅里煮了。这种残暴的行径让项羽的"民众支持率"一下子跌到谷底。

宰割天下

秦始皇统一中国，结束纷争不休的战国乱世，这是有历史进步意义的。项羽不喜欢秦朝，烧了秦始皇的宫殿还不解气，竟然连秦始皇最重要的功劳——"天下统一"也要一笔勾销。

所以，这就是项羽失败的第二大昏招：他不仅倒行逆施，重新分封十八路诸侯，还无法把分封做到公平公正，惹得天怒人怨。 项羽觉得这些新晋的诸侯王都应该对自己感恩戴德，可没想到他们却都窝了一肚子火。在接下来的项羽和刘邦的天下争霸战里，这些诸侯王纷纷站到刘邦一边去了。

刘邦这时在干什么呢？项羽表面上没有亏待刘邦，封他为汉王，但是没有把肥沃的关中封给他，而是把陕西南边秦岭的山沟里的巴、蜀、汉中封给了刘邦。

即便这样，项羽仍旧担心刘邦打回关中，就把原来秦国的关中一带一分为三，封给了向自己投降的秦国大将章邯等三个人，让他们盯住刘邦的一举一动。这真是蠢到家了！

章邯在巨鹿之战后投降项羽。项羽虽然没要章邯的性命，却怕章邯手下的秦军造反，竟然一夜杀光了这二十万投降的士兵。这些士兵都是关中百姓的儿子、兄弟、丈夫啊。所以关中人恨透了项羽，更恨透了投降将军章邯。后来刘邦反攻关中，百姓们闻风响应，夹道欢迎，帮助刘邦不费吹灰之力就把项羽在关中的党羽势力彻底扫除了。

项羽的分封除了让自己获得了一个"西楚霸王"的虚名，没打下一点儿好基础，反而给自己树起了一群强敌。

杀害义帝

项羽自称西楚霸王，定都彭城，也就是今天的徐州。他带着大军东归后，又想起来一件事：东方老家还有个楚怀王呢，自己在名义上还是楚怀王的臣子啊。

项羽一想到这个楚怀王就气不打一处来：这楚怀王曾想夺走他的项家军；刘邦想占关中，也是打着楚怀王亲口承诺的幌子。在项羽眼里，楚怀王早已经是一个碍手碍脚的绊脚石，必须赶紧清除。可是，他对这位楚怀王的轻举妄动，却成了第三大昏招。

项羽先给了楚怀王熊心一个"义帝"的空头衔，接着就把义帝赶到现在的湖南去，就是从前屈原被流放的地方。项羽又秘密吩咐沿路的诸侯找机会杀了楚怀王。这一下，项羽就成了实际上的天下最高统治者了。司马迁因此把项羽的传记放进了"本纪"。

可是，项羽还没有坐稳天下第一的宝座，诸侯之间已经狼烟四起。东方大国齐国率先举起了反项大旗。项羽赶紧带兵去平息叛乱。

此时，远在西方的刘邦在楚怀王之死这件事上大做文章——他披麻戴孝为义帝发丧，宣布项羽是犯上作乱的大恶人。汉军联合了各诸侯五十六万大军，浩浩荡荡地杀过来了。

楚汉相争

项羽和刘邦争夺天下的战争前后打了四年多，这其中总是发生各种神奇的反转。

刘邦趁项羽主力去打齐国，倾其全力从关中直扑项羽的都城彭城。各诸侯立刻预判项羽要被东西夹击，纷纷投靠刘邦。刘邦率领声势浩大的五十六万诸侯联军杀来了，阵仗比项羽入关时的四十万联军还要大。楚军主力来不及撤军迎击，几个回合下来便丢了彭城。刘邦心想这一把反攻算是稳了，于是跟诸侯大臣饮酒庆功，还派人去附近的老家丰县接家人。

可就在刘邦得意忘形之时，项羽率领三万骑兵犹同天降，杀了刘邦一个措手不及——汉军大败，只半天工夫，尸体把河水都堵死了。刘邦抱头鼠窜，自己的家人都被楚军俘虏了。

诸侯们个个都是墙头草，心想刘邦这回怕是凶多吉少，立马掉转了枪口与汉军为敌。

但刘邦可没有这么容易完蛋，他立刻收拾残兵败将，重新站稳了脚跟，在河南荥（xíng）阳一带跟楚军打起了阵地战。另一方面，汉军大将韩信分兵出击，渡黄河，穿太行，直取魏国、赵国，在第二战场上打出了辉煌战果，大有从侧翼包抄项羽的态势。

项羽认为擒贼还是要先擒王，于是集中主力跟刘邦对抗。在荥阳和成皋（gāo），他先后两次差点儿活捉刘邦，可是都被刘邦逮到机会逃脱了。楚汉双方陷入了艰难的拉锯战。

刘邦虽然屡战屡败，但他背靠着关中这个根据地，要兵有兵，要粮有粮，更重要的是他不是一个人在战斗。他知人善任，拥有一批杰出的大臣：文有萧何总管后勤，提供补给；智有张良运筹帷幄，决胜千里；武有韩信所向披靡，拓地千里。正应了那句俗话：一个篱笆三个桩，一个好汉三个帮。

而项羽呢，他刚愎自用，打了几场胜仗便觉得自己天下第一。刘邦就利用这一点，用反间计让项羽疏远了最重要的谋臣亚父范增，还笼络收买了项羽从前的亲信大将九江王英布，这等于是卸掉了项羽的左膀右臂。结果，武力强大的项羽当然干不掉表面懦弱、实则强韧的刘邦。

楚霸王着急了，要在两军阵前把俘虏来的刘邦的老父亲煮成一锅肉汤。刘邦要想救老父亲，就得赶紧投降。眼看刀都架在老父亲的脖子上了，刘邦却还在不疾不徐地发挥着无赖的看家本领。他答复项羽说："当年我们在楚怀王面前结为兄弟，我父亲就是你父亲，兄弟你要煮老父亲，别忘了分我一杯羹！"

项羽一听，鼻子都被气歪了。亏了项伯劝项羽务必保持冷静克制，项羽才放弃对刘邦的老父亲大开杀戒。项羽继续向刘邦挑衅："我们两人争夺天下已有多年，战火不断，生灵涂炭，民不聊生。我们不要再让天下人跟着我们白白受罪了，不如来一场'单挑'，一战决雌雄！"

听了这番义正辞严的话，刘邦回答得很干脆："我跟你斗智不斗力，用头脑来单挑吧！"比拼智力，项羽的确赢不了刘邦。

这时候，战场上的形势对项羽越来越不利：楚军的军粮快吃完了，而汉军大将韩信攻下了齐国，要从楚国的后方包抄过来。项羽只好同意先跟刘邦议和：楚汉约定以荥阳的鸿沟为界，中分天下，各自撤兵。

和平突然降临，征战多年的士兵们都高呼万岁。项羽还归还了刘邦的家人。而就在这无比祥和的时刻，风云突变。

垓下之战

刘邦在谋士张良和陈平的建议下，撕毁了"和平条约"，追击楚军，企图与韩信的军队夹击项羽，一举歼灭楚军。但项羽毕竟身经百战，在遭受偷袭的不利情形下，抓住韩信大军不到的战略时机，打败了刘邦。

陷入绝境的刘邦只好以正式册封韩信为齐王作为条件，催促韩信赶紧前来会师。韩信一到，战场形势就发生了天翻地覆的逆转，汉军瞬间占尽优势，把项羽团团包围在了垓下。

夜里，弹尽粮绝的楚军听到四面包围的汉军营中唱起楚地民歌，以为家乡都已沦陷，军心涣散。

项羽知道大势已去，在大帐之中与美人虞姬诀别，慷慨悲歌："力拔山兮气盖世，时不利兮骓不逝。骓不逝兮可奈何，虞兮虞兮奈若何！"唱罢，他跨上乌骓马，率领八百壮士一同突围。

汉军五千骑兵一路追击，追上项羽时，发现项羽身边还剩下二十八名随从。面对潮水般围上来的汉军，项羽对身边人说："今天被困于此，是老天亡我。现在我要决一死战，杀汉军大将，带大家突围，证明是天要亡我，不是我打仗不行。"然后，项羽大喝一声冲进重围，在乱战中杀死一名汉军大将，然后一路左突右杀，杀死几百名追

名师带你读史记

兵，最后逃到了乌江边。

乌江亭长准备了小船接项羽回江东老家，等将来东山再起。但心知命数已尽的项羽说："当年随我过江的八千子弟兵，没有一人生还。纵使江东父老爱戴我，我哪有面目再去见他们？"

眼看着汉军骑兵追上来了，项羽把战马乌骓托付给亭长，转身徒步跟汉军短兵相接。项羽杀死数百汉军，自己也身受重伤，最终满怀着对天命的不解和愤懑自刎而死。

刘邦曾下令，杀死项羽者，赏千金，封万户侯。项羽自刎后，汉军士兵为了争夺他的尸体，厮杀成一团，死了几十个人。最后项羽的尸体被四分五裂，五个汉军士兵各自抢到一块，都被封侯。其中一人名叫杨喜，他的曾孙杨敞成了司马迁的女婿。

项羽二十三岁起兵反秦，二十五岁因巨鹿之战名满天下，二十六岁入咸阳成为宰制天下的西楚霸王，三十岁自刎乌江。司马迁这样评价项羽：近古以来从未出现过这样的人物——如狂飙席卷大地，只留下苍茫一片。这就是项羽千古传奇的人生。

锦衣夜行

释义：指穿着华丽的衣服在夜里走路。指享有荣华富贵却没有在人前显摆。

《项羽本纪》原文：项王见秦宫皆以烧残破，又心怀思欲东归，曰："富贵不归故乡，如衣绣夜行，谁知之者！"

例句：他好不容易发表了一篇文章，却没有朋友读过，真好似锦衣夜行，无比失落。

沐猴而冠

释义：指猕猴戴着帽子装扮成人的模样。形容徒有仪表或地位却没有真本事，也可形容坏人装扮成好人。

《项羽本纪》原文：说者曰："人言楚人沐猴而冠耳，果然。"

例句：我听过这个人的发言，感觉此人无非沐猴而冠，根本不配做我们的合作伙伴。

天下匈匈

释义：多形容战事频仍，社会骚乱不安。

《项羽本纪》原文：项王谓汉王曰："天下匈匈数岁者，徒以吾两人耳。愿与汉王挑战决雌雄，毋徒苦天下之民父子为也。"

例句：如果天下匈匈，大家就都不得安宁。

养虎为患

释义：指纵容敌人，留下后患，自己反受其害。

《项羽本纪》原文：汉欲西归，张良、陈平说曰："……今释弗击，此所谓'养虎自遗患'也。"

例句：好几件事情都说明这年轻人心术不正，我建议爷爷赶紧让他离开我家，以免养虎为患。

四面楚歌

释义：指四面八方皆响起楚地的民歌。形容四面受敌，孤立无援。

《项羽本纪》原文：项王军壁垓下，兵少食尽，汉军及诸侯兵围之数重。夜闻汉军四面皆楚歌，项王乃大惊，曰："汉皆已得楚乎？是何楚人之多也！"

例句：现在，我们陷入了四面楚歌的绝境，该如何是好呢？

拔山扛鼎

释义：扛，两手举起。鼎，古代用来烹煮的器皿，三足（四足）两耳，多为青铜制成。形容力大无穷。

《项羽本纪》原文：于是项王乃悲歌忼慨，自为诗曰："力拔山兮气盖世，时不利兮骓不逝。骓不逝兮可奈何，虞兮虞兮奈若何！"

例句：奥运会举重决赛场上，每一位运动员都有拔山扛鼎的力气。

原典再现

汉之三年，项王数侵夺汉甬道。汉王食乏①，恐，请和，割荥阳以西为汉。

项王欲听之②。历阳侯范增曰："汉易与耳③，今释弗取④，后必悔之。"项王乃与范增急围荥阳。汉王患之，乃用陈平计间⑤项王。项王使者来，为太牢具⑥举欲进之。见使者，详惊愕曰："吾以为亚父使者，乃反项王使者。"更持去，以恶食食⑦项王使者。使者归报项王，项王乃疑范增与汉有私，稍夺之权。范增大怒，曰："天下事大定矣，君王自为之。愿赐骸骨归卒伍⑧。"项王许之。行未至彭城，疽发背⑨而死。

注释：
①食乏：缺少粮食。
②欲听之：想要答应这个条件。
③汉易与耳：对付汉就很轻松了。
④今释弗取：今天把它放了，没有逮住。
⑤间：挑拨离间。
⑥太牢具：猪肉、牛肉、羊肉齐备的盛宴。
⑦食：给……吃。
⑧赐骸骨归卒伍：请允许我回家当个普通百姓。
⑨疽发背：毒疮长在背上。

西楚霸王

项羽虽然没有称帝，但是确实威震八方，是名传千古的一代霸王。他终结秦朝的暴政，分封诸侯，在秦朝与汉朝之间起到了承上启下的关键作用。

在《项羽本纪》中，司马迁用起兵反秦、巨鹿之战、分封诸侯、彭城之战、鸿沟和议、垓下之战和乌江自刎几个大的历史事件，串起了项羽跌宕起伏的一生。同时，他又通过"破釜沉舟""作壁上观""鸿门宴""锦衣夜行""霸王别姬""四面楚歌"等小的历史典故生动地刻画出项羽既骁勇善战又缺少谋划，既坚决果断又刚愎自用，既豪爽大气又敏感多疑，既天真浪漫又慷慨悲壮的英雄形象。

尽管项羽最终没能完成霸业，他却因为这一系列或大或小的历史事件成为一个被永载史册的千古英雄。宋代女词人李清照曾写过一首《夏日绝句》："生当作人杰，死亦为鬼雄。至今思项羽，不肯过江东。"表达了对前世英雄项羽的慷慨激昂和英勇无畏气概的赞扬之情。

司马迁在《项羽本纪》最后的"太史公曰"中客观地评价了项羽一生的功与过，既不过分颂扬，也不为他开脱，而是用对比史实的方法让后人认识了一个相对真实的西楚霸王。

【高祖本纪】（上）
大风起兮云飞扬

秦二世元年，陈胜、吴广在大泽乡揭竿而起，一句"王侯将相，宁有种乎"的口号改变了无数人的命运。陈胜、吴广轰轰烈烈起义的时候，汉高祖刘邦正在山林里流窜。他原本只是时间长河中的一粒微尘，却突然在这股汹涌喷薄的历史洪流中一飞冲天，为四百年大汉王朝奠定了基业。

沛县刘季

汉高祖的本名并不叫刘邦，"刘邦"是他出人头地以后才有的名号。在老家沛县丰邑中阳里，大家都管他叫刘季，就是刘老三的意思。

刘季有两个哥哥和一个同父异母的弟弟。他的两位兄长都是老实巴交的庄稼汉，弟弟却是一个读书的好苗子。可刘季自己呢，竟然是一个整天游手好闲的浪荡子，常常喝酒赖账、拈花惹草，让他的老父亲刘太公操碎了心。

不过，刘季并不像一堆扶不上墙的烂泥，他有自己的志向。他崇拜有本事、讲义气的豪强。这些豪强有点儿像现代武侠小说里的江湖豪杰。他还曾离家专门去投奔一位著名的豪强大哥张耳。张耳曾经是魏国信陵君的门客。魏国信陵君，就是那位曾经窃符救赵的传奇人物，被称为战国四公子之一。

后来，刘季渐渐混出了一点儿江湖地位，在老家也有了几分名气，官府还给了他一个小差事——泗水亭长，专管缉拿盗贼。

秦朝的老百姓都要为朝廷服劳役、做苦工，刘邦也曾因为服劳役去过咸阳。途中他拜倒在路边，被秦始皇车马扬起的尘土呛得直咳嗽。这个据说只比秦始皇小三岁的丰邑无赖从心底里感叹了一句："啊，大丈夫当如此也！"

虽然与皇帝相比，刘季就像帝国的一匹骡马一样微不足道，但他并不甘心当一个低眉顺眼的小百姓。而且，当时竟然有人能透过刘季没正经的表现，看出他心中的大

志。这位慧眼识珠的能人就是号称"秦朝好岳父"的吕太公。他坚持要把女儿吕雉嫁给刘季。

这段姻缘发生在沛县县令为远道而来投奔自己的朋友吕太公一家接风洗尘的宴会上。

县令请客，沛县大大小小的官吏都要随份子。县令定下规矩，份子钱不满一千钱的人都只能坐在院子里头，不许登堂进屋。

刘季虽然没带一文钱，但也来凑热闹，在门口大声嚷嚷："我出一万的礼钱！"

吕太公听见这话，心想大富豪来了啊，赶紧出来迎接。县里的文书萧何负责记账，一看原来是无赖刘季在说大话，气不打一处来，偷偷对吕太公说："这家伙最爱吹牛。"

但是，吕太公并不在意萧何的话，却越看刘季越欢喜。为什么呢？原来吕太公观察到，刘季在酒席上一点儿也不担心自己吹的牛皮被别人戳破，还跟各路贵宾斗酒争胜，打成一片。如果是其他人，肯定担心自己在县令长官面前被揪出来，无地自容。他想，刘季这样的人不是人才，什么样的人是人才？

所以酒宴一结束，吕太公就打定了主意，拉住刘季问："这位兄台，请问你是单身吗？"就这样，刘季鬼使神差地成了家。

醉斩白蛇

看到刘季娶上了媳妇，很快有了一双儿女，还当上了秦朝的亭长，刘太公终于觉得老刘家可以安稳了。

但是，天下大势却容不得人有这种放松的思想。始皇帝末年，百姓的徭役越来越重，刘季这个亭长接了个苦差事——押送县里被强征的壮丁去咸阳服劳役。

押送队伍刚一出发，还没离开老家沛县呢，壮丁就开始陆续逃跑。刘季一盘算，照这样的逃跑速度，这支壮丁队伍到了咸阳肯定只剩下自己了，那他必是死罪难逃。

刘季思来想去，决定索性潇洒一把，把所有的壮丁都叫来喝酒。席间，他对大家说："兄弟们，干了这碗酒，大家都逃命去吧，我也找个地方躲一躲。"

壮丁们一看，刘季这是打算独自担起杀头之罪啊，太仗义了。有十几个人当场表了态："季哥，我们愿意追随你！"

就这样，刘季组建了自己最早的队伍。耐人寻味的是，他组建"草台班子"真是纯属意外，当时他既没有像陈胜、吴广那样慷慨激昂地演说，也没有发动惊天动地的武装暴动，只是和一群喝得醉醺醺的逃犯躲进了芒砀（dàng）山，准备落草为寇。

就在这个月黑风高的逃命夜，刘季一行准备穿过一片

名师带你读史记

·128

沼泽地，他先派了个人去前面探路。不一会儿，探路的人气喘吁吁地跑回来报告："前面有条大白蛇横在路上，我们回头吧。"

刘季却正处于酒壮人胆的状态，大叫一声："好汉跟我来，怕什么！"然后，他一个箭步独自冲上前去，拔出佩剑，一剑砍断了大白蛇的身体。

受伤的白蛇立刻钻进了芦苇丛，不见了踪影。路障被扫除，刘季踉跄着朝前走，也不管后面有没有人跟着他，自顾自地走了几里地终于醉倒了。

刘季的手下还在惊悚之中，他们观察了很久，确定没危险了，一个个才跟上来。突然，他们听到老太太的哭声。这黑灯瞎火的，怎么会有老太太哭啊？几个人吓得大气都不敢出。他们适应了黑暗之后，发现路边有一个老太太正坐着抹眼泪呢。有人大着胆子问："老太太，您哭什么？"

老太太说："我儿子被人杀了。"

"谁杀了您儿子啊？"

"我儿子啊，是白帝的儿子，今天变成蛇出来，正巧挡了赤帝的儿子的道，被赤帝的儿子一剑杀了。"

这几个人刚受过大白蛇的惊吓，觉得这老太太肯定是故意嘲笑他们，决定教训她一顿。可是，老太太忽然就不见了，这又把这伙人吓了个魂不附体。他们撒腿就跑，紧赶慢赶，终于追上了刘季。

他们把刚才听到的关于"白帝的儿子"和"赤帝的儿子"的鬼话告诉了刘季。刘季一听，心里琢磨：那我不就是赤帝的儿子吗？他这么一想，心里十分得意，以为自己真的有鬼神加持。从此以后，刘邦的军队就只打赤色的旗帜，直到统一天下。

宽大长者

刘季逃亡没多久，秦二世元年的秋天，陈胜、吴广点燃了反抗暴秦的烽火，天下骚动。

刘季故乡沛县的老百姓也造反了，杀了县令。县里的萧何、曹参听说刘季在外头集结了好几百号人，组建了一支队伍，就派樊哙去接刘季回来。父老乡亲打开城门，把这胆敢最先挑事的刘季推举为首领。从此，刘季就号称"沛公"，在老家整合了两三千人的子弟兵，加入了反秦的乱世征伐。

这时，各地的起义军多如牛毛，互相之间争抢地盘，一点儿都不团结。秦朝大将章邯打败了陈胜和吴广，又忙着去别处镇压。

沛县这个地方很小，刘季组织的两三千人马充其量只能算一支杂牌军，战绩也很不稳定，所以，这支军队完全不知道前途在何方。

直到项梁、项羽叔侄打着复兴楚国的旗号一路北上，势如破竹，刘季才看到了一线希望。而且沛县原来就是楚国的地方，所以刘季顺理成章地加入了项家军。

俗话说得好，大树底下好乘凉，刘季跟项羽并肩作战，打了几场漂亮的胜仗。沛公的名号在起义军当中逐渐响亮起来了。

但风云突变，项梁被章邯打败，战死沙场。项家军群龙无首，被楚怀王夺了军权。秦军四处出击，节节进逼，北方的赵国被大军围困，危在旦夕。为了重振起义军低迷的士气，楚怀王向手下将领们许诺——谁能第一个杀进秦国老巢关中，谁就是关中之王。

可是，当时章邯率领的秦军风头正盛，谁都不知道楚军还能坚持多久。在彼时彼刻，自保尚且不能，还要杀进关中？这谈何容易！将军们心里都没底，都不言语。

只有一人把楚怀王的话当真了。这个人是谁呢？他就是项羽。项羽还有着一股初生牛犊不怕虎的狠劲儿，一心要给叔叔项梁报仇，他当然最想去端秦朝的老窝了。

楚怀王和手下的老臣们商量对策。老臣们说："项羽太彪悍，打起仗来十分残忍，带兵所到之处寸草不生。如果您真把军权交给他恐怕不好控制。如果您要派人西进关中，请派个宽厚大度的长者，比如沛公就是个合适的人选。"

于是，楚怀王下令，项羽当副将，跟从上将军宋义北上去解赵国之围；西路军的总指挥让沛公刘季来当。这种安排，说白了，就是想压制项羽这个"刺头儿"。我们已经在《项羽本纪》的故事里了解了这场战争的结果。

另一方面，楚怀王让宽大长者刘季当西路军总指挥，但没给什么实际的支援，只给了刘季区区数千人马。楚国都城彭城与关中相隔万水千山，当中还有秦国重重的关隘和要塞，刘季领的这差事好像比当初押送壮丁去服役还难啊！

大风起兮云飞扬！宽大长者刘季要怎么实现人生逆袭，在乱世之中杀出一条血路呢？我们在下一篇接着说。

成语撷英

一败涂地

释义：形容失败到了无可挽回的地步。

《高祖本纪》原文：刘季曰："天下方扰，诸侯并起，今置将不善，壹败涂地。……"

例句：他之前如果做好了万全的准备，现在就不会一败涂地。

宽大长者

释义：宽大，宽宏大度，不苛求别人。形容度量大、德行高的人。

《高祖本纪》原文：怀王诸老将皆曰："……独沛公素宽大长者，可遣。"

例句：他虽然年龄只比同班同学大一岁，却俨然是一位宽大长者，得到了大家的支持和信任。

于是樊哙从刘季来①。沛令后悔，恐其有变，乃闭城城守②，欲诛萧、曹。萧、曹恐，逾城保刘季③。刘季乃书帛射城上，谓沛父老曰："天下苦秦久矣。今父老虽为沛令守，诸侯并起，今屠沛④。沛今共诛令，择子弟可立者立之，以应诸侯，则家室完⑤。不然，父子俱屠，无为⑥也。"父老乃率子弟共杀沛令，开城门迎刘季，欲以为沛令。刘季曰："天下方扰，诸侯并起，今置将不善，壹败涂地。吾非敢自爱，恐能薄⑦，不能完父兄子弟。此大事，愿更相推择⑧可者。"萧、曹等皆文吏，自爱，恐事不就，后秦种族其家⑨，尽让刘季。诸父老皆曰："平生所闻刘季诸珍怪，当贵⑩，且卜筮之，莫如刘季最吉。"于是刘季数让，众莫敢为，乃立季为沛公。

注释：

①樊哙从刘季来：樊哙陪着刘邦等一同前往。
②城守：以城为根据地防守。
③逾城保刘季：越城而出，投奔刘邦。
④诸侯并起，今屠沛：等各路的起义大军一到，就一起血洗沛县。
⑤家室完：家族可得以保全。
⑥无为：无意义。
⑦能薄：能力不够。
⑧推择：推选。
⑨种族其家：灭其家族。
⑩平生所闻刘季诸珍怪，当贵：听人们传说刘季身上常出现种种奇怪的征象，预示他以后必当富贵。

知识链接

宽大长者与西楚霸王

秦朝末年，天下大乱，刘邦和项羽都是乱世英雄。经过近五年的楚汉争霸，宽大长者刘邦成了大汉帝国的缔造者汉高祖，西楚霸王项羽却兵败垓下，早早退出历史舞台。是什么让他们的前程走向了两个极端呢？

首先，刘邦和项羽的出身不同。刘邦出身低微，因而能够体会民间疾苦，每打到一个地方，都努力采用能够争取民心的措施。而项羽出身名门望族，根本不在乎黎民百姓的生命价值，所以做出了屠杀百姓、坑杀降兵等倒行逆施的举动，丧尽民心，让天下失望。

其次，刘邦和项羽对待人才的态度不同。刘邦尊重人才，曾坦言自己运筹帷幄不如张良，稳定局面不如萧何，带兵打仗不如韩信，是张良、韩信和萧何帮助他取得了楚汉争霸的胜利。反观项羽，他从来不珍惜人才，甚至怀疑一直追随他、为他出谋划策的范增，最终与之决裂。

再次，刘邦善于筹谋，而项羽善于征战。毋庸置疑，项羽勇武过人，是打仗的好手，而刘邦则更懂得运用谋略。在楚汉争霸的前期和中期，刘邦一直低调行事，明修栈道，暗度陈仓，而项羽直到已经完全处于劣势才终于弄明白自己最主要的敌人是谁。

就是这些差异让刘邦和项羽一个成为开国皇帝，一个成为悲剧英雄。

11篇

【 高祖本纪 】（下）

威加海内兮归故乡

楚怀王派刘季西进关中，却只给了他区区数千人马，刘季要怎样利用这微不足道的兵力拼出像样的战绩呢？

俗话说得好，在家靠父母，出门靠朋友。沛公刘季逐渐累积而成的一身江湖大哥的能量，终于要发挥重要作用了。而且，此时的刘季已经是独当一面的大将，我们可以改称他为刘邦了。

转战入关

刘邦带着军队踏上西行之路，前头有很多难关要闯。在这条暂时看不见星辰大海的征途上，宽大长者的"魅力"逐渐显露出来。从前出生入死的老朋友，现在并肩作战的新朋友，都纷纷聚拢到刘邦身边来了。在这些追随者中有三位是必须提的。

第一位是跟刘邦一起去攻打今天山东菏泽附近昌邑城的水贼彭越。虽然昌邑之战没打赢，但是在将来的楚汉争霸中，彭越这个朋友帮了刘邦大忙，在打败项羽这件事上出了很多力。

第二位是住在今天河南开封附近的高阳县城的郦食其。郦食其是一位白头发的老儒生。他见刘邦的军队跟从前来来往往的军队都不一样，不是那种雁过拔毛、刮地三尺的土匪，就连夜求见。他给刘邦指了一条明路——去偷袭附近的陈留城，占据秦朝设在那里的粮仓。

在那战火连天的日子，粮食是最重要的战略物资，刘邦因为攥紧了粮袋子，立刻就硬气起来了。一些散兵游勇纷纷来投靠，郦食其的弟弟郦商一人就拉来了四千人的队伍。在郦家兄弟的帮衬下，刘邦的实力迅速提高到一个新的水平。

第三位来帮忙的朋友更了不起，他是从前刘邦在项梁手下就认识的张良。当时，张良在河南一带帮着收复了韩国部分土地。刘邦率领军队打到洛阳附近，两人便重逢了。

张良是杰出的军师、战略家。刘邦遇上了张良，就好比老虎长上了翅膀——原本愁云惨雾的前程一下子就敞亮了。

洛阳是秦朝坚固的大堡垒，也是杀向关中门户函谷关的必经之地，刘邦一直打不下来。张良出主意，让韩国军队在洛阳附近断后，刘邦大军翻山越岭，南下攻取南阳重镇宛城，然后再从关中东南的武关杀进秦国腹地。这一招避实就虚，一下子就打开了局面。

在后来的征程中，张良妙计连出，刘邦势如破竹，非常顺利地挺进关中，关中之王的头衔眼看就要到手了。

约法三章

刘邦的大军如同滚雪球一般壮大——原来几千人的老弱残兵，到达武关时，已经是一支人数将近十万的威武雄师了。

刘邦杀到家门口的消息震动了咸阳城，奸臣赵高杀了昏庸无能的秦二世，派使者来跟刘邦谈判，想要跟刘邦平分关中，以此来保命。

实力强大的刘邦根本不为所动。他一方面派出能说会道的郦食其等一帮使者去劝降秦朝的守军，另一方面继续大军压境，不给秦朝喘息的机会。

此时的秦朝已然是风雨飘摇，命不久矣。朝廷里，大臣们开始内讧，赵高扶植傀儡子婴即位，还主动放弃了皇帝的称号，向刘邦示弱。但没几天，秦王子婴又发动政变杀了赵高。在秦国朝廷里乱成一团的时候，刘邦大军的赤色旗帜已经在咸阳城外霸水高岸上迎风飘扬了。

秦王子婴只好捆了自己，坐上白马素车出城投降，向刘邦献上了传国玉玺。曾经强大无比的大秦帝国宣布灭亡。

刘邦拿出宽大长者的气度，免了子婴一死。不仅如此，刘邦还宣布纪律：军队不准进入咸阳城侵扰百姓，继续在霸上驻扎，秦朝的宫殿府库一律封存，等之后诸侯论功行赏再做分配。

他召集关中各地方的长老和豪杰，向他们宣布："诸侯之间有约定，先入关中者为王，所以我就是这片土地的主人。从今往后，秦朝的苛法一律废除。秦朝的苛法让大家吃了很多年的苦头，比如：批评朝廷就会遭灭顶之灾，在街头跟人说说闲话也有被杀头的风险。我在这里就跟大家约法三章：杀人者死，打伤人或偷盗财物的，都该怎么抵罪就怎么抵罪！"

这约法三章，把老百姓从秦朝烦琐严酷的法网牢笼里解放出来，深得民心。百姓们纷纷抬着牛、扛着酒来犒劳、慰问。刘邦又重申纪律——不许收百姓一样东西。有如此纪律严明的军队，关中人都生怕刘邦不来当自己的大

名师带你读史记

王呢。

但是谁也没想到，打败秦军主力的项羽带着四十万大军也来到了关中。刘邦在鸿门宴上差点儿丢了性命，只好乖乖俯首称臣，被项羽赶出了关中，带着部队灰溜溜地到秦岭深处去当汉中王了。

决胜法宝

西楚霸王项羽昏招连连，致使自己丧失人心，短短四个月以后，刘邦采纳大将韩信的计策——明修栈道，暗度陈仓，又杀回了关中。历史正式进入刘项争霸的决战时刻。

在接下来四年多的鏖战中，刘邦经历了失败、背叛、妻离子散，甚至死里逃生，可谓千难万险，终于打败了看似不可能战胜的强敌。刘邦取胜的秘密是什么呢？

刘邦曾经自夸有三件宝："运筹帷帐之中，决胜千里之外，我不如张良；镇国家，抚百姓，供应前线，不绝军粮，我不如萧何；指挥百万大军，战必胜，攻必取，我不如韩信。"这三位就是后世称颂的"汉初三杰"。但刘邦取胜的秘密仅是依靠这三位悍将吗？

《高祖本纪》里借大臣王陵的口还表达了这样一个意思："项羽对人仁义友爱，而陛下对人轻薄傲慢，但是陛下能与天下同利，而项羽却妒贤嫉能，战胜不予人功，得地不予人利，此所以失天下也。"

这话翻译得直白一点儿就是说：人们跟着刘邦，只要有功劳，就可画地封侯，裂土为王；而跟着项羽呢，永远也别想有这样的机会。我们作为现代人也可以这样理解：身处于当时那个乱世的人只有跟着刘邦这位大哥才有肉吃。

项羽分封诸侯不公平，齐国最先跳出来反他，接着赵国也赶走了项羽任命的赵王，跟他决裂，最后连他手下的猛将——九江王英布，因为没有封到好地方，也叛变投敌了。战场上，项羽是英雄，但是在处理诸侯利益的政治角力场上，他真是一个"菜鸟"。

反观刘邦，有一件事能说明他会用利益收拢人心。刘邦在彭城被项羽出其不意地杀了个落花流水，好不容易逃出生天。刘邦刚一得到喘息的机会就问张良："我情愿天下一分为二——函谷关以东的土地都不要了，我能不能用这个条件吸引合适的人帮我打败项羽？"

张良出谋划策："南方英布对项羽不满，东方彭越正帮着齐国跟项羽作战，这两个人马上就能派上用场。大将韩信是独当一面的人才。要是您真想放弃关东，就把土地封给这三个人。"

后来，刘邦在垓下决战打败项羽，果然全靠了这三员猛将。刘邦也兑现诺言，封韩信当了齐王，封彭越当了梁王，封英布当了淮南王，给他们肥沃的土地，让他们个个心满意足。

所以说，在逐鹿天下的生死场上，最能抓住人心的还是实实在在的利益啊！

翦除功臣

刘邦似乎是凭一张宽大长者的面孔取得了天下，可他原本丰邑无赖的本色却始终没有褪去。在打仗的时候，他可以为了逃命，把一双亲生儿女一脚踹下马车，只为了让马车可以跑得更快一点儿；在项羽要把他父亲刘太公活活煮死的时候，他竟然厚着脸皮要求分一碗汤。刘邦心里盘算的东西，是不受一般血肉亲情束缚的。

刘邦登上天子宝座之后，他的性格除了不近人情，还多了几分对身边人的猜忌。

垓下之战的第二年冬天，刘邦宣布自己要到南方的云梦泽巡视，让天下诸侯都一起在陈这个地方朝见。

大臣们都想不到，这是一个彻头彻尾的阴谋：前一阵刚从齐王转封楚王的大将韩信刚一到地方，就立刻以谋反的罪名被关进囚车，直接押回了长安。

刘邦之所以要设这个圈套，是因为垓下之战前韩信没有听命及时前来会师，还故意在那紧要关头要挟刘邦封自己为王。这就成了刘邦心里挥之不去的一块阴影——常胜将军韩信会不会再次掉转枪头来反我呢？于是，他决定先下手为强了。

虽然刘邦饶了韩信的命，只是把他的爵位从楚王削为淮阴侯，但这一招卸磨杀驴，着实让许多异姓诸侯王寒了心。

但是刘邦并不觉得尴尬，反而公开表态："谁敢对我不忠，谁就没有好果子吃。"

从此，这位从布衣平民登上天子宝座的皇帝，陷入了疑神疑鬼的怪圈。几年之间，为老刘家夺得天下立下汗马功劳的彭越、英布等人都被一一剪除了。甚至连文官的领袖相国萧何，也被刘邦整得灰头土脸，甚至一度被戴上沉重的枷锁，关进大牢……

统一天下后的第七年，刘邦在讨伐淮南王英布的叛乱中身受箭伤。

年近半百的皇帝似乎有所预感，于是离开战场，回到家乡沛县，与父老乡亲一同畅饮欢宴。在全场的欢声笑语中，他唱起自己写的歌："大风起兮云飞扬，威加海内兮归故乡，安得猛士兮守四方。"

席上的一百多个年轻人纷纷应和，刘邦撑起略感沉重的病体，慷慨起舞，几行混浊的泪水不经意地从眼角溢出。他的内心在慨叹:"曾经与我一同金戈铁马的猛士,都去了何方啊!"

这一年四月,刘邦在长安病逝。汉朝的大臣们商议皇帝的身后事:"皇帝提三尺剑,从布衣平民,一举拨乱世而反正,平定天下,功劳最高,因此当称尊号'高皇帝'。"从此,丰邑的无赖刘邦又有了一个在历史上更响亮的名字——汉高祖。

约法三章

释义:原指约定三条法律,后泛指约好或订立简单的条款共同遵守。

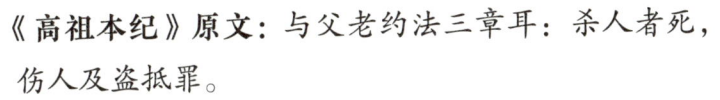

《高祖本纪》原文:与父老约法三章耳:杀人者死,伤人及盗抵罪。

例句:我跟他约法三章,希望以后不会再出现这种混乱的局面了。

大失所望

释义:指原来的希望全部落空。

《高祖本纪》原文:秦人大失望,然恐,不敢不服耳。

例句:他这次的期末考试成绩真是让他大失所望。

大逆无道

释义：封建时代称谋反、作乱等重大罪行。现泛指叛逆而不符合正道。

《高祖本纪》原文：今项羽放杀义帝于江南，大逆无道。

例句：他竟然偷爷爷的古画，真是大逆无道。

高垒深堑

释义：垒，指军营四周的堡寨；堑，指壕沟。高高的堡垒，深深的护城河。形容防守坚固、保卫森严。

《高祖本纪》原文：郎中郑忠乃说止汉王，使高垒深堑，勿与战。

例句：这座古王城高垒深堑，安全性相当高。

妒贤嫉能

释义：指对于声望、德行、才能胜过自己的人心怀忌恨。

《高祖本纪》原文：项羽妒贤嫉能，有功者害之，贤者疑之；战胜而不予人功，得地而不予人利，此所以失天下也。

例句：谁都知道他妒贤嫉能，所以没有人和他做朋友。

运筹帷幄

释义：指在后方决定前线的作战策略，也泛指筹谋对策。

《高祖本纪》原文：高祖曰："……夫运筹策帷帐之中，决胜于千里之外，吾不如子房……"

例句：他运筹帷幄的本领很强，令人佩服。

高屋建瓴

释义：指的是在很高的屋顶上把水瓶里的水倒下来，形容居高临下，势不可当。后来指对某件事情的发展规律把握全面，了解透彻。

《高祖本纪》原文：地势便利，其以下兵于诸侯，譬犹居高屋之上建瓴水也。

例句：我听了这位老师高屋建瓴的讲解，豁然开朗。

四海为家

释义：原指封建帝王统治全国，用以夸耀帝业宏大，也指国家统一。后用以形容志在四方，浪迹天涯，到处都可以当作自己的家。

《高祖本纪》原文：且夫天子以四海为家，非壮丽无以重威，且无令后世有以加也。

例句：我们现在要努力学习，长大后四海为家，为祖国做贡献。

原典再现

五年，高祖与诸侯兵共击楚军，与项羽决胜垓下。淮阴侯①将三十万自当之，孔将军居左，费将军居右②，皇帝在后，绛侯③、柴将军在皇帝后。项羽之卒可十万。淮阴先合④，不利，却⑤；孔将军、费将军纵⑥，楚兵不利。淮阴侯复乘之⑦，大败垓下。项羽卒闻汉军之楚歌，以为汉尽得楚地，项羽乃败而走，是以兵大败。使骑将灌婴追杀项羽东城，斩首八万，遂略定楚地。鲁为楚坚守不下，汉王引诸侯兵北，示鲁父老项羽头，鲁乃降。遂以鲁公号葬项羽穀城。还至定陶，驰入齐王壁，夺其军。

注释：
①淮阴侯：韩信。
②孔将军居左，费将军居右：孔将军和费将军都是韩信的部将，分列韩信左右。
③绛侯：指周勃。汉朝创建后，周勃被封为绛侯。
④淮阴先合：韩信的主力部队首先发起进攻。合，交锋。
⑤不利，却：假装失利，后撤。
⑥孔将军、费将军纵：孔将军、费将军率领的侧翼部队发动进攻。
⑦淮阴侯复乘之：韩信的主力部队掉头杀了回来。

刘邦的治国之道

刘邦平定天下后，所采用的治国之道主要体现在以下几个方面：

第一，他分封当时已实际形成割据力量的韩信、彭越、张敖等为王，同时派出郡守、县令等地方行政官员，限制诸侯王的势力，稳定了开国初期的局面。

第二，他在有限的执政时间内，将当初称帝时封的异姓王逐一铲除，为维护汉朝进入稳定发展阶段奠定基础。

第三，刘邦意识到北方少数民族的力量不容小觑，为了暂时稳定局势，争取时间发展经济，他首开"和亲政策"。

第四，刘邦定都长安，迁六国后裔及各地豪强十余万人至关中，消除了内部反叛的可能，促进了自然经济的发展。

第五，刘邦原来看不上儒学，后来在陆贾的帮助下，认识到儒学的巨大作用。公元前195年，汉高祖经过鲁国，以太牢祭祀孔子，开创祭祀孔子的先河，为汉朝后来推行尊儒政策埋下伏笔。

【 吕太后本纪 】

刚毅的奇女子

吕后，名叫吕雉，是中国历史上著名的铁娘子，无冕的"女皇帝"。

在中国古代，大部分史官很忌讳女性掌握权力，总把她们说成是"红颜祸水"。但是，司马迁却和别的史官不一样，他不仅大胆地把吕后编进了地位特别的"本纪"，还对吕后的统治给出了很高的评价。在吕后临朝听政的八年里，天下逐渐归于平静，老百姓终于有机会休养生息，过上了太平日子。

不过，吕后并不是一个十全十美的人，司马迁的笔下，吕后在危机四伏的深宫之中也表现得极其残忍、凶狠。那么，吕后到底是一个什么样的人呢？

后宫危机

吕雉的父亲吕太公会相面，因为在宴会上多看了说大话的刘邦一眼，便觉得此人不凡，不顾家里老太婆的反对，一定要把女儿吕雉嫁给刘邦这个丰邑无赖。

吕太公为女儿一手包办的这桩婚姻，实在称不上幸福。

首先，刘邦是个好色之徒，结婚前就有一个私生子。其次，他们结婚之后正好赶上秦末大乱，刘邦出去打天下，吕雉必须独自在家抚养年幼的女儿和儿子，照顾年迈的公婆。

除此之外，她甚至因为刘邦吃了官司，被关进秦朝官府的大牢，遭了好多罪。

但是，刘邦对吕雉的付出没有一点儿感念之心。楚汉争霸的时候，刘邦的父亲刘太公、妻子吕雉等一大家人被扣在项羽营中当人质，刘邦却完全不挂心，竟然纳了很多姬妾，生了好几个儿子。

直到垓下之战前，楚汉讲和，项羽才把刘邦的家人全部释放。吕雉大难不死，回到刘邦身边，却没有得到刘邦的眷顾，被冷落在一边。

吕雉警惕地察觉自己正面对一个比身陷敌营更大的危机。当时，刘邦宠幸一个妃子——戚夫人，就连行军打仗时也把她带在身边。

戚夫人为刘邦生了个儿子名叫如意。刘邦爱屋及乌，总是夸如意像自己。但是，刘邦对吕雉生的儿子刘盈却十分看不上眼，觉得这孩子性格懦弱。

戚夫人把这些都看在眼里，时不时地在刘邦身边哭哭啼啼，央求刘邦废掉太子刘盈，改立如意为太子。

吕雉感到这场明争暗斗随时可能威胁他们母子的生命安全，自己已经退无可退，必须反击了。

刚毅果决

刘邦最后还是没有废掉太子，史书上明说了有两大原因：

首先，大臣们反对。有一位大臣叫周昌，强烈反对废太子，以至于在跟刘邦争执时都口吃了，发出"期期期"的声音。从此，周昌跟三国时另一位"口吃"大将——灭了蜀汉的邓艾，被合称为"期期艾艾"。期期艾艾这个成语就是专门用来形容人口吃时的状态的。

其次，据说是张良出了个主意，成功地把"商山四皓"请来辅佐太子刘盈。要知道，刘邦几次三番想请"商山四皓"出山都没成功呢。这件事让刘邦不得不思考：这四位德高望重的老人家愿意出山辅佐太子，足以说明太子已经在朝廷有了了不起的威望。事已至此，他只好放弃了废太子的打算。

刘邦没有废太子还有第三个隐藏的原因：吕雉发动了反击。人老珠黄的吕雉做了两件事，让刘邦对她刮目相看。在吕雉反击的过程中，有两个对刘邦至关重要的人死在她手里：第一个人是率领汉军夺取天下的常胜将军韩信，第二个人是帮助刘邦打败项羽的大功臣彭越。

韩信中了刘邦巡视云梦的计策，被革去楚王头衔，贬为淮阴侯，长期软禁在长安。心怀不满的韩信暗中等待时机，想翻身造反。一次，韩信趁刘邦去北方平定叛乱，准备在长安发动政变。

吕雉在宫中得到消息，当机立断放出刘邦得胜班师的假消息。然后，她派韩信的老朋友相国萧何骗韩信进宫朝贺。**韩信相信了萧何，结果刚一进宫，就被吕雉安排的武士擒拿，且立即处决。**

而梁王彭越则是另一番遭遇。当时，他被人告发谋反，刘邦念及旧情，把他贬为平民，装进囚车发配蜀地。

正巧吕雉从长安去洛阳见刘邦，半道遇上彭越的囚车。彭越痛哭流涕，求吕雉为自己说情，让自己回到山东老家。吕雉一口答应，带上彭越一块去洛阳。

可是，她见了刘邦却说："**彭越是枭雄壮士，你发配他去蜀地，是给自己留下后患，应该现在就杀了他。我已**

经把他带来了，等着你发落。"就这样，曾经叱咤风云的彭越与韩信殊途同归——稀里糊涂地丢了性命。

晚年的刘邦到处平定叛乱，可以说身心俱疲。他虽然宠爱戚夫人，却十分清楚：将来的少年天子要想镇住朝廷大臣和天下诸侯，需要一位刚毅果决的太后辅佐一程。吕雉杀掉韩信和彭越，已经让刘邦充分认识到她是一位有勇有谋的人物。

害人害己

刘邦去世以后，惠帝刘盈登基，吕雉成了太后，她马上对曾经威胁自己地位和性命的戚夫人母子展开了疯狂的报复。

心狠手辣的吕后想尽办法毒死了年幼的赵王如意。而她对戚夫人的报复则更加残忍：她下令砍掉戚夫人的四肢，挖掉她的眼睛，弄聋她的双耳，又给她灌下哑药。她把戚夫人折磨得像待宰的牲畜一般，然后把戚夫人扔进茅厕，号称"人彘（zhì）"。"彘"就是"猪"的意思。

但是，吕后还不解恨，过了几天，她和惠帝一起去看"人彘"的惨状。汉惠帝得知眼前这个人不像人、鬼不像鬼的"人彘"竟然是戚夫人，受到极大的刺激，吓得当场大哭，从此落下了病根，无法上朝理政。

吕后之所以如此凶残，说到底是出于保护自己和孩子的生命的本能。但凡有一点儿风吹草动，对惠帝的安危产生威胁，她作为母亲都要不顾一切地发起攻击。而威胁一旦解除，她又会表现出舐犊柔情。所以，她在对待刘盈万分慈爱，而对待刘邦的其他儿子却苛刻严厉。

　　刘肥是刘邦跟吕后结婚前生的私生子，在刘邦的八个儿子里排行老大。刘邦很疼他，把齐国这块最大的封地给了他。

　　受到皇帝父亲如此重视，齐王刘肥自然就成了吕后提防的对象。

　　有一回，刘肥来到长安，进宫朝见惠帝。惠帝对大哥刘肥非常客气，在宫廷宴会上按照普通人家的规矩请大哥坐上座。

　　吕后看在眼里，非常不爽，心想：他竟然敢坐皇帝的上座！于是，她悄悄安排手下倒了两杯毒酒端给刘肥。

　　惠帝起身祝酒，顺手端起其中一杯毒酒。吕后见状，赶紧出手打翻了惠帝的酒杯。刘肥一看这情形，吓得浑身起鸡皮疙瘩，赶紧装醉告退。

　　回家以后，刘肥一直为此事惴惴不安。有个谋士建议刘肥上书割让齐国一个郡给吕后的亲生女儿鲁元公主当封地。刘肥觉得这还不够，竟然荒唐地把鲁元公主尊为齐国太后——他管自己的妹妹叫妈！如此一来，他总算解开了吕后的心结。

吕后心里痛快了，下令在齐王府邸重新举宴庆祝。后来，他还把刘肥的一个儿子养在身边，并为这个男孩儿娶了一个吕家的姑娘当媳妇。这明显就是把齐王刘肥当成自己人了。

由此可见，吕后的命门就是自己的一双亲生儿女。谁要是让她的孩子舒服了，就是顺了她的心意，可以跟她万事好商量。但是她对儿子汉惠帝实在是保护过度了。性情柔弱的汉惠帝看到人彘之后，被自己母亲的残酷手段吓坏了，从此沉迷酒色，在位只有七年就撒手人寰。

女人天下

在汉惠帝的葬礼上，吕后白发人送黑发人，却一滴眼泪都没有流。大臣们都吓坏了，因为高祖刘邦刚过世那会儿，太后就曾经策划过诛杀朝廷大臣，防止有人乘机谋反，现在的情形，比当初更加吓人。

大家都慌张得像热锅上的蚂蚁。当时，智多星张良的儿子张辟彊（qiáng）只有十五岁，偷偷给丞相陈平出主意："为了让太后对大臣们放心，我们让太后的娘家吕氏亲族来掌握皇宫禁军，如此大家就会相安无事。"

丞相觉得这个建议很好，马上安排。吕家人刚一掌握军权，吕后马上放下戒备，在儿子的棺椁前放声恸哭。

此后，吕后又继续执掌天下大权八年。从汉惠帝登基开始算的话，吕后做了十五年汉朝实际上的最高统治者。要知道，刘邦也只做了七年的皇帝，而且在这七年里，战火不断，他必须到处平定叛乱。

汉朝在吕后的统治下才真正安定了下来。

在经济上，吕后继续执行刘邦轻徭薄役的政策，减轻百姓负担，为后来文景之治的社会繁荣奠定了基础。

在文化上，吕后正式废除秦始皇制定的禁止民间藏书的"挟书律"。自此，被秦朝专制统治打断的百家争鸣重新活跃了起来。

在政治上，在刘邦治下此起彼伏的诸侯叛乱，也被吕后压制得死死的。司马迁评价吕后的统治：女主称制，政不出房户，天下晏然。刑罚罕用，罪人是希。民务稼穑，衣食滋殖。

所以，她在宫廷里掀起的血雨腥风，并没有影响百姓们的岁月静好，这实在是一种奇特的"无为而治"的境界。

吕后打破了刘邦定下的规矩"非刘氏而王者，天下共击之"，重用吕氏亲属为诸侯王，与刘氏分庭抗礼。这虽然是一种权力平衡的手段，却埋下了不稳定的种子。

吕后掌权的第八年春天，按照三月三的风俗，她出宫去水边祓禊（fú xì），祈祷晦气尽除，祸害远离。回程途中，

名师带你读史记

她突然看到路边有一只黑狗蹿上她的坐车，咬她的胳肢窝。

奇怪的是，护卫前来护驾时，完全没看到黑狗的踪影，其他人也都没看到这只黑狗。然而，吕后却真的患了腋下的伤病，不久病情加重，危在旦夕。巫医说那只黑狗是赵王如意的鬼魂作祟。

在弥留之际，吕后仍旧为自己家的孩子操碎了心。她的女儿鲁元公主先她而死，留下一个外孙鲁元王，年纪还小。吕后担心自己这一走，剩下这个小王爷无依无靠，于是在病榻上为外孙子安排了可靠的人，以期照料、辅佐他平安长大。

除此之外，吕后还担心吕家的侄儿们将来身家性命会受威胁。她带着对至亲骨肉万般的依恋和牵挂，咽下了最后一口气。

当灵柩缓缓下葬，吕后最担心的事——一场兴刘灭吕的宫廷政变立刻爆发了。

歃血为盟

释义：指将牲血涂在嘴边，泛指发誓订盟。

《吕太后本纪》原文：王陵让陈平、绛侯曰："始与高帝喋血盟，诸君不在邪？……"

例句： 在这部小说里，这两个部落曾歃血为盟，但是到后面却反目成仇了。

犹豫未决

释义： 指拿不定主意，下不了决心。

《吕太后本纪》原文： 吕禄、吕产欲发乱关中，内惮绛侯、朱虚等，外畏齐、楚兵，又恐灌婴畔之，欲待灌婴兵与齐合而发，犹豫未决。

例句： 妈妈让我暑假去上海迪士尼玩儿，可是我很怕热，所以一直犹豫未决。

二年，楚元王、齐悼惠王皆来朝十月①，孝惠与齐王燕饮②太后前。孝惠以为齐王兄，置上坐，如家人之礼③。太后怒，乃令酌两卮酖④，置前，令齐王起为寿⑤。齐王起，孝惠亦起，取卮欲俱为寿⑥。太后乃恐，自起泛⑦孝惠卮。齐王怪之，因不敢饮，详醉⑧去。问，知其酖，齐王恐，自以为不得脱长安，忧。齐内史士说王曰："太后独有孝惠与鲁元公主。今王有七十余城，而公主乃食数城。王诚以一郡上太后，为公主汤沐邑⑨，太后必喜，王必无忧。"于

是齐王乃上城阳之郡，尊公主为王太后。吕后喜，许之。乃置酒齐邸，乐饮，罢，归齐王。三年，方筑长安城，四年就半，五年城就。诸侯来会十月，朝贺。

注释：
①皆来朝十月：秦历以十月为一年的开头。十月，都来京城朝见皇帝、太后，行新年之礼。
②燕饮：放松休闲，不讲朝廷礼仪的宴饮。
③如家人之礼：像平民百姓家中只有辈分、年龄尊卑礼节而没有社会地位尊卑之分。
④酌两卮酖：斟了两杯毒酒。
⑤为寿：为祝福别人健康长寿而干杯。
⑥欲俱为寿：彼此祝福。
⑦泛：倒掉。
⑧详醉：假装喝醉了。"详"通"佯"。
⑨以一郡上太后，为公主汤沐邑：把一个郡送给太后，让它成为鲁元公主的汤沐邑。

吕太后的政治格局

在历史上，吕后是一个极富争议的人物。她虽然在后宫争宠时心狠手辣，但是在前朝政治中，却表现得英明果决，极具格局和风度。

在《汉书·匈奴传》中记载了这样一个小故事，特别能显示吕后的政治格局——

话说，刘邦刚刚去世的时候，匈奴首领冒顿单于下书对吕后，说："你死了丈夫，我死了妻子，不如我们在一起享受夫妻团圆的快乐。"吕后收到这封信后非常生气，扬言要攻打匈奴。大臣们力劝她冷静处理这封带有挑衅意味的外交信件。后来，她也了解到，汉高祖刘邦在世时，曾与冒顿单于拜为兄弟。在匈奴，有兄长去世后弟弟娶嫂子为妻的风俗。所以，她很快平息了怒火，原谅了冒顿单于。她心平气和地写信回复："我已年老色衰，发齿也堕落了，步行也不方便。"然后赠与车马，既表明了自己的态度，也没有伤和气。冒顿单于后来也了解了中原的习俗，自愧失礼，遣使向汉朝认错，并在信中解释："未尝闻中国礼义，陛下幸而赦之。"双方终于化干戈为玉帛。

本纪·天子与天下

13篇

【孝文本纪】

一代明君的崛起之路

2021年底的一则新闻报道了一个考古大发现——考古学者终于确定了汉文帝霸陵的位置，纠正了以前历史资料里的错误记载。

这个发现为什么特别引人瞩目呢？因为这座陵墓的主人是汉文帝刘恒。他是名垂千古的一代明君，开创了中国两千年封建时代的第一个盛世——文景之治。

在《史记》里，司马迁不吝赞美汉文帝，并用孔子最为推崇的"仁"来表彰他，以至于后来的读书人认为汉文帝可与传说中的尧舜媲美。

不过，很多人都不清楚，这位一代明君能登上至尊之位，靠的居然是"拼妈"。

重兴刘氏

汉高祖刘邦一共有八个儿子。吕后当政的时候，对自己儿子汉惠帝的七个异母兄弟处处提防，还把以前被刘邦宠幸的姬妾全都幽禁起来。

刘恒的母亲薄姬不是刘邦的宠妃，在刘邦生前甚至备受冷落。正因如此，吕后对她网开一面，允许她跟随儿子一起去封地代国。代国在靠近北方匈奴的边境。如此一来，刘恒母子便早早远离了长安这个"风暴眼"。

吕后杀了赵王如意，赵国这个大国先后由刘邦的另外两个儿子来当大王，只是都不得善终。吕后只好召代王刘恒来当赵王。

刘恒面对突如其来的"好运"，立刻推辞："我还是愿意为国家镇守边疆。"就这样，薄姬母子在代国边地谨小慎微、如履薄冰地待了十七年。

吕后刚一去世，政治局势就急转直下，长安就像一个一点就着的火药桶。吕氏家族跟刘氏老臣们好似针尖对麦芒，冲突一触即发。

当时，吕氏家族的领袖是吕后的两个侄子——相国吕产和赵王吕禄。他们兄弟二人掌握了长安城里南北两支禁军部队。

老臣们则以太尉周勃和丞相陈平为领袖，他们跟已经起兵反对吕氏的齐国大军遥相呼应。

赵王吕禄的女婿朱虚侯刘章是已经过世的齐王刘肥的儿子，心里对吕氏非常不满，暗中把吕氏一族的动向传递给刘氏老臣们。

经过几番钩心斗角的暗战，太尉周勃终于从赵王吕禄手里骗到了禁军北军的军权。周勃驾车飞驰入营，一路高喊："帮助吕氏的人就露出右臂，帮助刘氏的都露出左臂！"北军士兵们纷纷解开上衣，袒露出左臂。

周勃派朱虚侯刘章率领一千士兵去控制皇宫。刘章的人马跟掌握禁军南军的相国吕产在未央宫前遭遇，吕产猝不及防，死于刘章手下。从此，吕氏军权尽失，成了任人宰割的羔羊，终被满门抄斩。

深谋远虑

吕氏刚遭遇灭顶之灾，老臣们就聚在一起商量接下来该怎么办。

他们商量的第一个重大议题是现在的小皇帝能否继续在位。汉惠帝去世后，吕太后先后立过两位小皇帝。他们到底是不是汉惠帝的亲骨肉呢？他们长大后会不会为吕氏平反呢？如果他们真的为吕氏平反，我等岂不是要死无葬身之地？老臣们把这几个问题理清楚，就在第一个议题上达成了共识——必须废掉现在的小皇帝。

第二个议题就更棘手了：谁来当皇帝呢？从禁军左袒这件事能看出来，刘姓执掌天下是民心所向。老臣们都对此深表认同。有人提出："现在的齐王刘襄，最早起兵反吕；齐王的弟弟朱虚侯又在政变里立了大功。他们的父亲齐王刘肥是高皇帝长子，所以立长孙刘襄为皇帝就再合适不过了。"

这提议听起来多么合情合理，但是老臣们深思熟虑之后，还是决定不能这么干。他们认为吕氏之所以能形成这么大的势力，就是因为吕氏是汉惠帝的舅姥家。吕氏可是差点儿颠覆了老刘家的社稷江山啊！而齐王刘襄的舅舅叫驷（sì）钧（jūn），脾气特别暴躁，号称是戴帽子的老虎。所以，如果他们立齐王为帝，就好比前门赶狼后门来虎——将来还会发生类似吕氏之祸的变故。

老臣们思来想去，商量了很久，终于达成了一个共识：他们要挑一个母后一族不太强势的诸侯。最后，经过一番"拼妈"，老臣们都认为在北方代国谨言慎行，低调地待了十七年的薄姬母子是最佳人选。

少年老成

这一年代王刘恒二十三岁了。有一天，长安使者突然来报，请代王赴长安即天子位。一般人接到这个消息，肯定觉得天上掉下了大馅饼，就算在做梦，都笑醒了。然而，刘恒却表现得异常冷静，他毕竟是在吕后专政的淫威下，战战兢兢地走了十七年"权力钢丝"的资深政治家。

刘恒在审时度势之后，理清了自己的思路：首先，长安城刚经历了一场血雨腥风，皇帝宝座必然是格外烫屁股的；其次，此时的老臣们手握生杀大权，今天能废掉吕后立的小皇帝，明天就有可能把屠刀对准自己；再次，齐王一家在诛灭吕氏这件事上立了大功，他们作为最强大的诸侯，不可能心甘情愿地把胜利果实拱手让人。

刘恒非常善于辩证思考问题，所以很快又找到了一个新的角度来考虑：黄袍加身的机会毕竟不是天天都有，正所谓，机不可失，时不再来，如果这一次我让别人捷足先登，把煮熟的鸭子弄飞了，想必要后悔一辈子。

刘恒跟他的心腹权衡利弊，商量了很久。他决定先派自己的舅舅薄昭去长安见太尉周勃，刺探虚实。

薄昭回来报告："这件事比较靠谱，您不必再犹豫了。"

刘恒非常懂得"兵贵神速"的道理，马上率领贴身亲信，直奔长安。到了长安郊外，一行人驻扎在汉高祖的陵寝附近。刘恒刚一安顿好，便派出一名亲信再去长安察看局势的变化。

得到刘恒到来的消息，丞相陈平、太尉周勃率领百官在城外渭河大桥边候驾。刘恒一行来到渭桥，见百官下拜称臣，仍然以代王的身份下车还礼。太尉周勃随身带着天子玉玺，请求跟代王私下里说句话。

代国的大臣回答："如果是公事，就公开说；如果是私事，王者不接受私事之请。"

周勃一听，觉得很有道理——天子的玉玺怎么能偷偷摸摸地交付出去呢？他立刻当着群臣百官的面，双手献上玉玺。

刘恒知道，他只要接过玉玺，就是天命所归了，可他一点儿不着急，反而欲擒故纵地说："此事等到了城内的代王府邸再说吧。"

大队人马前呼后拥，护送刘恒入城中府邸。百官轮番请求代王马上登上天子大位，可刘恒却继续谦让，一连推辞了五回，到第六回才仿佛勉为其难地接下了传国玉玺。

面对命运的大反转，刘恒不骄不躁，每一步都稳扎稳打，临大事而有静气，处处都表现出稳健、可靠、从容的性格。他在恭敬揖让之间，征服了一班跟着刘邦打天下的老臣。这才真叫不战而屈人之兵，善之善者也。

文景之治

靠"拼妈"胜出的刘恒带领庞大的汉帝国一步步走向

了兴旺发达，用实力证明了自己。他执政过程中表现出的三大特点特别能证明他是具有大智慧的一代明君。

第一个特点，仁慈爱民。汉文帝继续实施高祖和吕后一直推行的"与民休息"的政策，减轻农民种田的赋税。

汉代开国时，刘邦推行的是十五税一，而刘恒又在此基础上减半为三十税一，也就是赋税只收取田地出产粮食的三十分之一。刘恒在统治汉朝的第十三个年头，更是破天荒地免除了农民的田地租税。这在中国古代可说是绝无仅有。

另外，他还废除了自古以来残酷的肉刑，也就是割鼻、挖眼、砍腿这些伤害人身体的酷刑，让犯罪的囚徒有改过自新的机会。

第二个特点，不好大喜功。司马迁在讲述这件事时，有意拿汉文帝跟他的孙子汉武帝作对比。

汉武帝是个具有雄才大略，喜欢开疆拓土的君王。但开疆拓土难免连年征战，消耗大量国力。到了汉武帝晚年，天下民生一片凋敝，汉武帝自己都下罪己诏检讨自己。

汉武帝的爷爷汉文帝却生怕打仗会烦扰百姓，对北方的匈奴、南方的南越这两大强邻都采用防御和怀柔的政策，尽量避免挑起事端。就是遇到强悍的匈奴率兵入侵，他也决不允许将领引军深入，扩大战争规模。

名师带你读史记

所以在文帝一朝，飞将军李广这样优秀的军事人才竟没有用武之地。汉文帝都替他惋惜："要是你生在高祖打天下的时代就好了。"然而大将个人的遗憾却是黎民百姓的福分。

第三个特点，十分节俭。这个特点是成就汉文帝在历史上的好名声的关键。

汉文帝当天子二十多年，都没有大兴土木，修建宫室池苑。据说有一回，汉文帝想在皇宫造一个露台，便让工匠算一算成本。他很快得知造这个露台需要花一百金，立刻说："百金相当于十户中等人家一年的花销，这个露台不造也罢。"

汉文帝平时穿的都是粗纱纺织的衣服，宫里的宠妃也都没有一件奢侈的拖地长裙，寝宫里的帏帐也一律不许用刺绣来装饰。汉文帝还下令，将来自己的陵寝不要堆高高的封土来显示气派，不许使用金银陪葬，用陶器即可。总之，他要求一切从简，让百姓得以休息。

正是因为这样，当今天的考古学家确定了文帝陵寝的所在之后，才会引起一阵轰动。这个考古的发现绝不亚于巍峨雄伟的秦始皇陵，因为节俭的美德其实比耗尽天下民脂民膏得来的壮丽奢华更令后人动容。

成语撷英

犬牙相制

释义： 指地界连接，如交错的犬牙，可以互相牵制。
《孝文本纪》原文： 高帝封王子弟，地犬牙相制，此所谓盘石之宗也，天下服其强，二矣。
例句： 他们犬牙相制，实力相当。

直言极谏

释义： 指以正直的言论谏诤。古时多用于臣下对君主进谏。直言极谏科的省称。
《孝文本纪》原文： ……及举贤良方正能直言极谏者，以匡朕之不逮。
例句： 无论在哪个朝代，都有敢于直言极谏的人。

改过自新

释义： 指改正过失或错误，重新做人。
《孝文本纪》原文： 妾伤夫死者不可复生，刑者不可复属，虽复欲改过自新，其道无由也。
例句： 他虽然犯了错，但是勇于改过自新，所以得到了别人的原谅。

原典再现

孝景皇帝元年十月，制诏御史[①]："盖闻古者祖有功而宗有德，制礼乐各有由[②]。闻歌者，所以发德也；舞者，所以明功也。高庙酎③，奏《武德》《文始》《五行》之舞；孝惠庙酎，奏《文始》《五行》之舞。孝文皇帝临天下，通关梁，不异远方④；除诽谤⑤，去肉刑，赏赐长老，收恤孤独，以育群生；减嗜欲，不受献⑥，不私其利也。罪人不帑⑦，不诛无罪；除宫刑，出美人，重绝人之世⑧。朕既不敏，不能识，此皆上古之所不及，而孝文皇帝亲行之。德厚侔天地⑨，利泽施四海，靡不获福焉。明象乎日月，而庙乐不称⑩，朕甚惧焉。其为孝文皇帝庙为《昭德》之舞，以明休德。然后祖宗之功德著于竹帛，施于万世，永永无穷，朕甚嘉之。其与丞相、列侯、中二千石、礼官具为礼仪奏。"

注释：
①制诏御史：下诏书给御史。
②制礼乐各有由：给某位先王选用什么歌舞礼乐，要根据先王生前的具体情况而定。
③高庙酎：给高祖庙进酒时。
④通关梁，不异远方：指废除国内限制各地往来的关卡，使人们自由通行。
⑤除诽谤：废除惩罚"诽谤"罪的刑法。
⑥不受献：不接受各郡国的贡品、献礼。
⑦罪人不帑：惩办犯罪的人，不连累他的妻子。
⑧重绝人之世：不轻易让人断子绝孙。

⑨侔天地：与天地之德相当。
⑩庙乐不称：祭祀文帝庙所用的歌舞与文帝生前积累的功德不相称。

知识链接

文景之治的积极意义

汉文帝和汉景帝一共在位三十九年，携手打造了中国古代的第一个盛世——文景之治。

汉文帝深知得皇位不易，主张低调节俭、与人为善，被誉为"仁义之君"。汉文帝为人处世的风格有助于形成良好的社会风气，保证国家政治的清明。

经济上，汉文帝主张与民休息、轻徭薄赋、奖励生产。汉景帝即位后基本上延续了汉文帝的治国方针，数次修改刑法，宽以待民，大力采取薄赋、劝课农桑等措施，使得人民的生产生活水平得到明显提升，社会出现了稳定、富裕的景象。

政治上，汉文帝大力推行儒家倡导的仁政，采用贾谊"众建诸侯而少其力"的策略，把一些重要的大诸侯国拆为几个小诸侯国，削弱诸侯王的势力，对西汉政权建设起到了重要作用。另外，汉文帝十分注重孝悌力田，推举孝廉之士做官，带动百姓逐渐接受儒家礼教。景帝虽不任用儒生为官，但十分赞赏儒家的德治，因此被誉为以孝德治天下的皇帝。

文学艺术上，文景时期出现的汉赋、散文和乐府民歌成为古代文学的巨大亮点，对后世文学的发展起到了很好的铺垫作用。

"本纪"尾声

　　《史记》一共有"十二本纪",不过据古人说,《史记》流传到三国的时候,汉文帝之后的《孝景本纪》和《孝武本纪》就已经失传了。

　　有一种说法是汉武帝先读了司马迁的书稿,发现这两篇"本纪"中有很多司马迁对父亲和自己这两朝的批评,就下令销毁了。所以我们讲读《史记》的"本纪"故事就到汉文帝为止。我会在其他的章节里把汉景帝和汉武帝的故事讲给你听。

后记

读书是这世上最有意思的事情。古人说，书本里有颜如玉和黄金屋，但是如果你也爱读书，就会发现书本里显然有比这些更加宝贵的东西，那就是人类喜怒哀乐的结晶，浓得化不开，越古老越醇厚。

不过，在科技发达的今天，读书的乐趣却面临着很多挑战。我年少时能爱上阅读，其实还要感谢相对贫乏的物质生活。在那个年代，天线能接收到的全部电视频道，我用一只手的手指就数得过来。所以，我看完一集全民热追的连续剧以后，只能到书本世界里去放飞无处安放的想象力了。

电脑、手机，以及无处不在的网络似乎让我们的想象空间越来越逼仄。我在十岁时读得如痴如醉的书，现在交给十岁的女儿读，她却并不感兴趣。我原本以为这是因为她课业太重，觉得课外阅读是很沉重的负担，直到我第一次为"少年得到"写音频课的稿子时，我才终于明白我的这个想法是对女儿的一个误解。

当时，我的老朋友徐来担任"少年得到"的主编，他觉得我平时聊天时讲故事的那股"疯劲儿"很适合去做《西游记》的音频课。我也认为自己很熟悉《西游记》中的各种掌故，于是立刻着手挑自己觉得最有意思的章回写试讲稿。我以为给孩子讲《西游记》不过是小菜一碟，很快就完成了这篇稿子。没想到，当我把稿子交给老朋友审读时，我看到的竟然是他皱紧的眉头。我到现在还记得他形容我的稿子的话："这里面有知识的诅咒！"

我很快弄明白了他的意思：你要讲的知识是好东西，但这些知识在你的脑子里已经沉淀了几十年，你就这么一股脑儿地输出，硬生生地让十岁上下的孩子接受，好像有些不近人情。因为在孩子们的眼里，你堆给他们的这些知识就像一大块浓得化不开的蜜糖，闻着香甜，但品相难看，口感也差，实在有点儿难以接受。

这段经历让我不由得想起，我之前给女儿讲楚汉相争的故事时，自己津津有味地拆解刘邦如何争取人心，项羽怎样刚愎自用，两个人的性格差异导致了各自人生不同的走向。她却听得意兴阑珊，完全无法和我共情。后来，我讲的刘邦在老家靠说大话骗了吕后当老婆这些类似八卦的细节，却让女儿听得两眼放光，她还一直追问吕后嫁给刘邦之后的故事。现在，个性刚毅的吕后已经成为她十分敬仰的对象。

我恍然大悟，我当年因为生活在物质匮乏的年代，所以连阅读也是"饥不择食"式的，而我的女儿生活在当今这个物质丰富、知识爆炸的时代，她拥有选择阅读的权利。孩子们都愿意首先挑选符合自己兴趣的书来读，我的女儿也不例外。

其实，不光是孩子会优先选择符合自己口味的书来读，人同此心，心同此理，连两千年前的司马迁也是如此。有前人批评《史记》不能算"信史"，因为司马迁写的这部史书更像是一部"好奇"的文学故事，并不能忠实地反映历史。但在大多数人眼里，这种"好奇故事"的风格其实正是《史记》最吸引人的优点。如果司马迁把《史记》一板一眼地写成"断烂朝报"，也许《史记》仍是一部意义深远的巨著，但绝不会成为一部流传几千年仍被后世争相转为白话文，广为阅读的杰作。

我写《史记》故事的出发点，也是追随太史公司马迁文字里"好奇"的气质，希望能摆脱成年人的"知识诅咒"，让孩子们在读这些故事时，感受到《史记》里的光。我写的这些故事如果能在他们心里埋下了解历史的兴趣种子，帮助他们在成长的过程中，鼓起勇气抛开这些白话故事的敲门砖，进入《史记》原典的殿堂认真求索，那么我夤夜笔耕时就会感到欣慰了。

当然，出于"有趣"的目的，我在写故事时也不得不忍痛割爱。这套书是按照《史记》"本纪""世家""列传"的基本顺序展开的。我为了尽量展现《史记》的故事性，除删了八"表"、十"志"，还不得不使很多篇章成为落选遗珠。我没有选择这些篇章不是因为原作缺乏了解的价值，而是我能力有限，认为这些"高档食材"如果被我随意地"乱炖"，不仅会对不起古人，也会对不起小读者。

对于选入书中的篇章，我尽量以一个"一以贯之"的视角，围绕着一个中心把整个故事去拆解、叙述。有时，我也会打散《史记》原有的篇章，拆东补西，小作穿插，选取几位具有共同特点的历史人物创作合集。这些辄改之处，我一般会在篇章的标题处注明。

我写的这些关于《史记》的故事，不是对《史记》原典机械的白话翻译，而是力求紧贴《史记》原意的"评话"。中国古代有《三国志平话》《五代史平话》这种依据真实历史进行的文学创作，我的写法大致算是对这种传统文学样式的拙劣模仿吧。我在书中表达的一些解读意见，主要来自我个人阅读的感悟，如有偏颇，请大小读者不吝赐教，我都会虚心接受。

写作时，我主要依赖的原著版本有两个：一是中华书局点校本二十四史系列中的《史记》，另一个是江西人民出版社出版的、由《史记》研究专家韩兆琦先生主编的《史记笺证》。任何人在求知之路上，都少不了前人的照拂。我不敢自比前辈，但私心所在，仍希望这一套书能成为孩子们攀登知识高峰的一根登山杖。